La Jeune Fille au balcon

Leïla Sebbar

La Jeune Fille au balcon

roman

Éditions du Seuil

TEXTE INTÉGRAL

ISBN : 2-02-051112-6
(ISBN 2-02-024800-X, 1re édition)

www.seuil.com

La jeune fille au balcon

On entend une explosion.

Et aussitôt des cris. Les fenêtres s'ouvrent et se ferment avec fracas, les portes claquent, les garçons se précipitent dans les coursives, dégringolent les escaliers, sourds aux appels aigus et coléreux des mères. Les sœurs tirent les petits frères qui pleurent pour ne pas rentrer à la maison, cris, gémissements, insultes... Une agitation telle qu'on a oublié l'explosion. Le gaz dans un immeuble ? Une voiture piégée ? Un attentat dans un dépôt incendié ? Un pétard trop puissant ?

On ne veut plus savoir. Et puis le bruit décroît, comme si rien ne s'était passé, les cris, peut-être les cris des victimes, sont oubliés, jusqu'aux prochaines.

On a peur du désordre et on l'attend.

Mélissa revient sur le balcon.

Un garçon la regarde. Il a les yeux bleus.

Dans ce quartier d'Alger qui porte aujourd'hui le nom de la capitale de l'Afghanistan – le Kaboul, c'est un quartier *chaud* comme disent les journaux, trafic, marché noir, ratissages, cambriolages, meurtres, ailleurs on dirait que c'est Chicago... – dans ce quartier où femmes, enfants, vieillards... chacun risque la mort, habite Mélissa. Elle est née dans la maison où sa mère et la mère de sa mère sont nées. Quand on lui dit, comme pour la plaindre :

– Tu vis à *Kaboul*, c'est affreux, comment tu fais ? tes parents sont fous, il faut déménager... On va te tuer...

Mélissa répond :

– Qui va me tuer, moi ? Pourquoi on va me tuer, moi ou ma famille ? Qu'est-ce qu'on a fait ? Rien. Alors...

Si on insiste :

– On partira jamais. Ma mère l'a dit, mon père l'a dit, et c'est vrai. On partira jamais.

– Et tu n'as pas peur ?

– Non.

Combien de fois ses cousines qui habitent des villes plus calmes ou des quartiers épargnés lui ont parlé ainsi. Elles ne l'ont pas convaincue.

Les sœurs de sa mère ne viennent plus aussi souvent, avec les enfants, passer l'après-midi ou la soirée pour un feuilleton, une série, un film sur la chaîne parabolée.

Les antennes paraboliques, les « barbus » les appellent les « paradiaboliques », ils ont menacé combien de fois de les casser à coups de hache, ils n'ont pas osé, ils ont peur de la colère des femmes. On dit qu'ils regardent les chaînes étrangères en cachette. Ils se réunissent dans une pièce, ils mettent une cassette islamique à fond et pendant ce temps la télé marche, parfois toute la nuit ; ils ont des magnétoscopes et des films qu'ils sont les seuls à voir. Quels films ? Mélissa entend sa mère et les voisines, elles bavardent sur les terrasses quand elles lavent le linge ; elle aide, elle savonne sur les planches en bois cannelé, elle ne parle pas, elle écoute. Il paraît que les « frérots » – c'est les barbus —, s'enferment à plusieurs et visionnent des films, les femmes baissent la voix, où des hommes et des femmes font... Mélissa n'entend pas la suite, les mots sont à peine chuchotés, elle comprend. Elles continuent longtemps, bavardes et excitées, elles rient, s'indignent, certaines miment des scènes d'amour, elles oublient leurs filles, appliquées à savonner. Mélissa n'aime pas que sa mère rie avec ces voisines qui rient trop fort. Elle sait qu'elles voudraient voir ces films interdits.

– Qui serait capable de voler une cassette à un barbu ?

– Tu veux le dernier sermon de l'imam ?

– Ah ! non… Celui-là on l'entend toute la journée. Ça suffit. Non, une cassette spéciale.

– Moi, je vous en apporte une demain, si vous voulez. Mon beau-frère en a, je le sais. Il est parti en voyage.

– Alors demain ?

– Oui, oui, vous venez. Mais j'ai pas de magnétoscope.

–On se débrouillera.

Tous les matins, elles se téléphonent, ou plutôt la mère de Mélissa appelle l'une de ses sœurs, les deux parfois, pour leur lire le programme parabolé qu'elle a sélectionné la veille. Elles ne sont pas toujours d'accord, elles discutent, l'une préfère Cousteau, l'autre Columbo ou Navarro. L'aînée, qui est allée à l'école française pendant la colonisation, insiste toujours pour voir les adaptations des nouvelles de Maupassant ou des romans de Balzac, de Zola… Elle a aimé les lire, elle a gardé ses livres scolaires de l'époque. Ses sœurs se moquent d'elle : à quoi ça lui sert, des livres périmés, bons à envelopper les fruits secs en cornets pour les enfants… Elle ne cède pas. C'est comme ça que Mélissa a pu voir des images de la France du XIXe siècle, la Normandie, Paris, les mines du Nord.

Les sœurs s'entendent seulement pour des reportages sur l'Algérie. Les enfants s'ennuient, elles restent entre elles, devant l'écran et un pays, leur pays vu de l'autre rive, c'est comme si elles le découvraient. Elles s'exclament, s'étonnent, s'interrogent. Elles ne voyagent plus depuis plusieurs années, et lorsqu'elles voient les familles au bord de la mer sur les plages voisines, elles se demandent si ce pays est bien l'Algérie, si on ne les trompe pas, sur les chaînes étrangères. Les journalistes étrangers viennent dans leur pays, ils filment, ils vont partout où les Algériens ne vont plus parce qu'ils ont peur de leurs propres frères, ils filment une Algérie, des Algérie qu'elles ne connaissent pas. Leur pays est comme un pays étranger pour elles. Elles ne sortent pas du quartier. Le quartier est un pays, leur pays.

Lorsque, assises sur le sofa du salon, elles ont assisté à des manifestations de femmes dévoilées, dans les rues de la capitale – elles ne sortent plus dans le centre-ville depuis le meurtre d'un voisin près de la grande poste—, elles n'ont pas cru que ces femmes étaient, comme elles, des Algériennes. Les maris, les pères, les oncles et les frères n'ont-ils pas dit non, ce jour-là? même si les hommes n'avaient pas dit non, elles ne seraient pas allées dans la rue, ainsi, sans voile, au moins le *hijeb*[1]. Crier devant les caméras, tête nue, bras nus, jambes nues…, jamais, ce serait la honte, et les images passent sur les écrans du monde entier, avec la parabole, les voisins les auraient reconnues, déjà la rumeur court dans les escaliers et les cours, la rumeur dit n'importe quoi, alors là, avec la photo qui va partout dans les maisons…

– On t'a vue, tu criais sans pudeur, tu chantais, tu levais les bras, les cheveux libres… Est-ce qu'une femme, une mère de famille, doit se montrer comme une furie, une folle ?

Qu'est-ce qu'elles auraient répondu, elles ne savent pas.

L'aînée parle à ses sœurs en même temps qu'elle suit le reportage :

– Vous, vous étiez trop petites, mais moi je suis pas restée à la maison, je suis allée avec une tante et d'autres femmes du quartier, pour manifester en ville. La tante, elle était pas la seule, elle portait ni le voile ni le hijeb – le hijeb, il existait pas encore.

– C'était l'Indépendance, on fêtait la libération du pays. Les femmes ont crié, elles ont chanté, personne leur a dit que c'était la honte, personne.

1. *Hijeb :* foulard islamique.

Mélissa regarde l'Algérie à la télévision. Elle non plus n'a pas quitté le quartier, ni la ville. Elle non plus n'a pas voyagé dans son pays, pourtant les familles d'Oran et de Tizi-Ouzou les invitent à chaque naissance, à chaque circoncision, il faut toujours répondre : « Non, une autre fois, quand le pays sera tranquille. » La voiture reste au garage. Elle dit aux sœurs :

– Et vous, pourquoi vous restez dans la maison ? Les femmes, là, à la télévision, elles habitent Alger elles aussi, elles sortent dans la ville, elles manifestent, je sais pas pourquoi, mais on les entend, on les voit, elles existent… Et vous ?

Sa mère ne répond pas. La sœur aînée lui dit :

– Tu sais, les choses ont changé depuis l'Indépendance…

– Mais ces femmes qu'on voit, c'est maintenant, c'est aujourd'hui, c'est pas il y a trente ans… Alors… ?

– Tu es trop jeune pour comprendre, à peine quinze ans, plus tard, plus tard on t'expliquera.

Mélissa se tait. Elle écoute sa mère et ses tantes qui discutent en même temps qu'elles bavardent. À la fin du reportage, la dernière image la frappe. C'est un plan fixe assez long. On voit un militaire algérien de dos, debout, les mains croisées sur une longue matraque, les jambes écartées; devant lui des civils algériens, déchaussés; tennis et vieux mocassins sont alignés sur le sol, à droite du soldat. Mélissa regarde l'écran, figée dans une attention inhabituelle :

– Qu'est-ce qui se passe? demande sa mère.

Mélissa ne répond pas.

– Je te parle, Mélissa. Qu'est-ce qui t'arrive. On voit ça tous les jours. Les hommes à la prière devant la mosquée et les militaires dans les rues. Toi qui es toujours au balcon, tu as vu ça déjà, non?

– Oui, oui. C'est vrai. Mais là, l'image à la télé, ça fait encore plus vrai, je sais pas pourquoi. J'avais pas pensé jusqu'ici à une photo qu'une amie m'a montrée. Son père était officier dans l'ALN[1] pendant la guerre, il a des livres avec des photos, je les regarde chaque fois que je vais chez elle.

– Et alors?

– Alors voilà. Cette photo me fait penser à celle de la guerre.

– Pourquoi? Qu'est-ce qu'elle a, cette photo?

– On voit un soldat français de dos, debout, en militaire; il tient une mitraillette, il regarde passer un enterrement de maquisards, habillés

1. *ALN :* l'Armée de libération nationale, pendant la guerre d'Algérie (1954-1962).

comme les villageois de l'époque. Il ne sait pas que ces hommes sont des moudjahidine[1].

– Et toi, comment tu sais tout ça ? demande l'aînée.

– C'est son père qui m'a expliqué.

L'aînée des sœurs regarde Mélissa :

– D'ailleurs, je ne vois pas le rapport…

– Moi non plus, dit la mère. Tu peux nous dire ?

– Je vous montrerai la photo. Vous comprendrez.

Mélissa va sur le balcon.

La mère baisse le son, c'est la publicité parabolée, elle n'éteint pas la télévision, les petits arrivent, c'est leur émission. Elle va faire la chaîne[2] pour les provisions. Avec des voisines, elles ont organisé des tours. C'est la rumeur qui annonce les arrivages, la semoule, les œufs, le pain, l'huile…

1. *Moudjahidine :* nom donné aux Algériens qui se battaient pour l'indépendance de leur pays contre l'armée française, pendant la guerre d'Algérie.

2. *Faire la chaîne :* expression qui signifie « faire la queue ».

Elle n'achète pas beaucoup de viande, c'est trop cher. Pour les fêtes, les familles se partagent un mouton, sinon on se résigne. Parfois Mélissa accompagne sa mère, elle n'aime pas. Les murmures, les chuchotements d'un hijeb à l'autre, les petites histoires, les regards méfiants… Si une Golf noire passe dans la rue, sa mère l'oblige à se réfugier contre le mur, derrière les arbres, au milieu des haïks[1], des hijebs et des longues gandour*as*[2]. Elle étouffe, ça sent mauvais, il faut rester là jusqu'à la fin de l'alerte. On dit que la Golf noire est la voiture préférée des terroristes, la plus rapide, la plus nerveuse… Lorsqu'elle a disparu, les femmes reprennent la chaîne, comme essoufflées de peur, elles parlent toutes à la fois.

– Mes enfants, tout seuls dans la vie ! orphelins, le père disparu, la mère assassinée… Allah est grand !

– Ma fille… tu es blessée ? Ils ont tiré ? J'ai pas entendu, j'avais tellement peur, ils ont tiré ?… Tu es vivante ! Allah est grand !

– Attention, ils peuvent revenir. Une fois une Golf noire a tiré, elle est partie en flèche, elle a

1. *Haïk :* le voile blanc qui couvre entièrement les femmes.

2. *Gandoura :* la tunique longue que portent les femmes avec le hijeb.

fait marche arrière, elle a blessé deux hommes. Attention, mes sœurs.

– Ils tirent sur les femmes et les enfants, Allah les maudisse !

Mélissa s'occupe de la semoule et des œufs, elle n'écoute plus les femmes. Les enfants sont seuls à la maison, sa mère se dépêche, le père va arriver, elles doivent être là. Il travaille loin du quartier, le soir il revient épuisé, il s'endort parfois sur son journal ou devant la télévision, même à l'heure des informations.

Sa femme doit le réveiller pour le bain qu'elle a préparé. Elle lui a réservé deux jerricanes. Le père travaille dans un garage, dans la banlieue d'Alger, chez le même patron depuis l'Indépendance. Il a commencé apprenti, tout jeune, il n'a pas quitté l'école pour le garage, c'est le soir qu'il a appris la mécanique, il a toujours aimé ça. Le patron lui a proposé de s'associer avec lui, il est vieux. Il a dit non, il prendra le garage en gérance, il préfère. Il y a quelques années, il se douchait après le travail, mais l'eau manque. Il attend le bain de la maison, sa femme ne l'oublie pas. Il est fatigué, il a les mains noires, graisseuses, les bras sales jusqu'aux coudes, le visage aussi, la poussière de la ville en plus. Sa femme l'attend, les enfants sont calmes, Mélissa s'occupe des devoirs, les petits sont devant la télé, le bébé dort.

Dans la salle de bains, ils parlent. Lui se repose dans la baignoire, sa femme savonne du linge. Elle n'a pas de machine à laver, il la lui promet depuis longtemps, dans trois mois peut-être, un cousin qui revient de France pour les vacances, s'il a de la place dans sa camionnette. Il sait qu'on peut se débrouiller autrement, il arrête sa femme, chaque fois qu'elle lui rappelle le marché parallèle : « Tu l'auras ta machine, ne t'inquiète pas, tu l'auras – Tu dis toujours ça… » Il raconte qu'un ami du patron a reçu une lettre de menace et un linceul. Il ne sort plus de chez lui.

– Qu'est-ce qu'il a fait ? demande sa femme. Un linceul… On veut sa mort…

– Oui. Ce qu'il a fait… Le patron dit qu'il ne va pas à la mosquée et qu'il a refusé de payer. Il habite un quartier plus dangereux que Kaboul.

– Mais toi ? Tu vas là-bas tous les jours. Ils te font payer ? Et tu paies ?

– Savonne-moi le dos… J'ai pas envie de parler de ça.

– Je suis ta femme. Tu peux me dire, non ?

– Tu t'inquiètes pour rien. Je travaille là-bas depuis trente ans, on me connaît, c'est comme si j'étais né dans la maison du patron. Je suis un fils du quartier. Tu comprends ?

– Je comprends, je sais tout ça, mais quand même…

– Demande de l'eau chaude à Mélissa.

– J'ai mis toute l'eau dans la baignoire. Aujourd'hui, on a eu seulement deux heures.

Après le bain, le père mange seul. Il lit le journal et il se couche. Les enfants, il les voit le vendredi, c'est le jour de repos pour tous les Algériens ; avant l'Indépendance c'était le dimanche, comme en France.

Du balcon, Mélissa voit tout.

Les murs de la cité sont maculés de graffitis, des slogans politiques en français et en arabe, rouge, bleu, noir, des prénoms qui s'enlacent, des caricatures de vedettes de la télévision. Les affiches électorales sont à moitié déchirées, et les enfants s'amusent à bomber les visages des candidats et des acteurs de cinéma qu'on peut encore deviner. Les murs paraissent aussi boueux que les cours qui séparent les immeubles. La terre battue, dès qu'il pleut, ressemble au fond des oueds [1] pris par la crue. Les mères se transforment soudain en vigiles à la porte des appartements, elles ne surveillent pas les rôdeurs suspects, mais les pieds de leurs fils.

1. *Oued :* rivière.

Le long des murs, debout comme des cigognes en attente, des garçons, des jeunes gens, des copains qui bavardent. Mélissa les reconnaît, toujours les mêmes. On les appelle les hittistes[1], ceux qui tiennent les murs, appuyés contre les immeubles des jours entiers, ils n'ont rien à faire. Des chômeurs qui s'ennuient, ils ont renoncé à chercher du travail, ils ne quittent plus le quartier ni la cité, comme si quelqu'un devait venir les chercher jusque chez leur mère pour les entraîner dans l'aventure. Ils ont tout abandonné, les petits boulots sur le port, le marché noir... Ils sont fatigués, ils ont cherché à partir, ils sont encore là. Résignés pour toujours, c'est, comme ils disent : le « dégoûtage ». Ils ne rêvent même plus du *Babor Australia*, le bateau pour l'Australie qui les conduirait loin, très loin, et plus jamais ils ne reviendraient, ils feraient fortune. Ils n'en parlent plus.

De quoi parlent-ils ? Mélissa n'est jamais passée assez près d'eux pour les entendre, et les sœurs ne disent pas la misère et le désespoir des frères.

Un garçon passe et repasse de l'autre côté de la rue. Il regarde vers le balcon.

1. *Hittistes :* le mot *hit*, en arabe, signifie « mur ».

La mère revient du hammam, le bain public. Une fois par semaine, avec les voisines et les enfants, elle passe l'après-midi au bain du quartier. L'eau manque dans les maisons. Les jerricanes pleins, on les garde pour la cuisine, la toilette. La mère surveille les provisions d'eau comme un trésor, elle répète que l'eau est aussi sacrée que le pain. Les enfants obéissent, depuis la fameuse raclée avec le nerf de bœuf caché derrière l'armoire, et dont elle les menaçait, sans effet. Les enfants, depuis longtemps, demandaient à voir ce nerf de bœuf que le père avait, un jour, rapporté d'un bazar en ville. La mère en parlait, ils ne l'avaient jamais vu. C'était plus terrible qu'un bâton de noyer pour frapper les ânes, dans le village de montagne d'un oncle paternel, plus terrible qu'un fouet pour faire avancer le cheval de labour, sur les terres arides de la Kabylie où avait vécu l'arrière-grand-père. Les enfants avaient rempli la vieille baignoire rouillée et faisaient flotter leurs bateaux en papier. Deux jerricanes avaient été vidés.

Ils savent qu'un nerf de bœuf ça fait très mal et que l'eau est aussi sacrée que le pain.

La mère appelle Mélissa.

– Encore sur le balcon ? Mais il n'y a rien à voir. Qu'est-ce que tu peux bien regarder, ma pauvre fille ? Viens m'aider.

Au moment où elle quitte le balcon, Mélissa entend un bruit, une pierre qui aurait heurté le béton. Elle dit :

– J'arrive… Je suis là.

Elle ramasse un objet rond, le met dans sa poche.

Les enfants allument la télé. Ils préfèrent la publicité aux séries nationales. La mère vide le couffin du hammam, le linge sale, les serviettes de toilette humides. Le savon, surtout ne pas le gaspiller, c'est la pénurie.

– Et l'école ? demande sa mère à Mélissa. Tu apprends bien ?

– Si encore on apprenait… Cette année on n'apprend rien.

– À l'école, tu apprends toujours, ma fille, ou alors tu es un bourricot.

– C'est pas moi, le bourricot. C'est les professeurs…

– Tous ?

– Non, pas tous. Mais beaucoup.

– Ma fille, si tu veux travailler à l'école, tu travailles. Moi, j'ai quitté l'école à quinze ans, tu le sais, je t'ai raconté déjà. Je voulais pas, mon père m'a obligée. Il m'avait promise au fils de son frère comme on fait au bled… Ma mère a dit d'attendre un peu, il fallait marier ma sœur aînée avant moi. J'ai brodé mon trousseau en pleurant, je voulais retourner à l'école. Et toi, tu me dis que l'école c'est pour les ânes ? qu'est-ce que ça veut dire ?

– Ça veut dire que des hommes sont venus au collège et ils ont menacé la directrice. Si elle sépare pas les filles des garçons, si elle garde les élèves qui portent pas le hijeb, si les filles vont au cours de musique, de sciences naturelles et en éducation physique..., ils reviendront.

Sa mère interrompt Mélissa :

– Ces menaces, on connaît. Mais dans ton collège, ces hommes, ils sont venus avec des armes ? Tu les as vus ? Comment tu sais tout ça ? Pourquoi tu as rien dit à ton père, à moi ?

– Mais, Imma, si j'avais dit quelque chose, tu m'aurais gardée à la maison...

– Jamais, ma fille. Je serais allée voir ta directrice et les autres pour savoir.

– Les autres, c'est les profs et l'administration, ils ont eu tellement peur que le lendemain...

– Tous les professeurs ?

– Non, pas tous, mais certains sont pas venus, d'autres ont commencé à exécuter les ordres... Moi, j'ai toujours mon foulard dans mon cartable, comme tu m'as dit. Je le mets dans la rue, pour prendre l'autobus du collège. Si on m'oblige à le mettre en classe, qu'est-ce que je fais ?

– Tu le mets et tu vas en dessin, en sciences naturelles, en gymnastique… On veut faire des ânes de nos enfants ?… Je vais au collège dès demain, avec les voisines…

– Non, non, Imma, ne va pas au collège… Pour quoi faire. Qui va t'écouter ?

– Ils nous écouteront, nous les mères…

– Et si on me renvoie ?

– Ils ont pas le droit, j'irai voir le juge, je sais ce qu'il faut faire, les mères iront voir le juge…

Mélissa cesse brusquement la conversation avec sa mère. Elle sait qu'elle fera ce qu'elle dit, si les menaces se poursuivent, des écoles sont incendiées, détruites. Des instituteurs, des professeurs, des recteurs sont assassinés, sa mère le sait, elle n'a pas peur, elle ira. Mélissa préfère ne pas penser au scandale. Combien de fois elle a entendu les sœurs parler de sa mère. Elles sont sept filles, elles n'habitent pas toutes Alger, mais celles qui n'ont pas suivi leurs maris jusqu'à Oran ou Tizi-Ouzou, elle les voit souvent. Sa mère est la dernière petite, comme elles disent, la préférée, les frères sont arrivés les premiers, heureusement… Sinon la petite dernière qui aurait dû être un garçon… on l'aurait jetée dans le ravin, les sœurs plaisantent mais sept filles, sans un seul fils… Sa mère, disent ses sœurs, était la plus jolie, la plus capricieuse, elle tenait tête à tout le monde et on faisait ses quatre volontés. À l'école, elle était la meilleure et la plus bagarreuse. Un jour, son père a été convoqué par la directrice et, pour la première fois, il lui a donné une paire de gifles le soir, en rentrant du travail. Elle a refusé tous les partis que sa mère et les matrones lui proposaient. Elle a fait la grève du hammam parce qu'elle savait que les mères la regardaient pour leurs fils. Elle a dit oui quand l'homme lui a plu. Elle a exigé de le voir, de lui parler, dans la maison, naturellement, mais seule avec lui. Elle a su que le jeune mécanicien qui l'aimait serait le père de ses enfants, elle a dit oui. L'Algérie n'était pas encore devenue folle. Son mariage, elle ne l'a pas oublié, ni la nuit de ses noces. Elle a suivi la tradition, elle aimait son mari. Il était jeune et fougueux, les vieilles, derrière la porte, n'ont pas attendu longtemps pour avoir le drap. Le sang n'était pas du sang de poulet.

Lorsqu'elle parle avec ses sœurs et les voisines de cette nuit secrète, aucune ne garde le secret. Elles s'étonnent du bonheur de la mère de Mélissa, elles ne la croient pas, elles disent qu'elle a rêvé ce qu'elle raconte, que c'est elles qui ont raison, puisqu'elles ont presque toutes la même histoire douloureuse et humiliante.

Pendant la conversation avec sa mère, Mélissa tentait de deviner l'objet lancé sur le balcon. Elle a seulement senti du papier froissé autour d'un caillou.

Sur le balcon, sa mère et Mélissa étendent le linge. Parfois, il faut fixer des perches à l'extérieur pour prolonger la corde, les draps prennent de la place, le père a fabriqué un système ingénieux qui permet de gagner de l'espace. Le balcon est large, la mère a planté des herbes aromatiques, et, à la saison, elle fait sécher les piments rouges, qu'elle n'a pas suspendus des deux côtés du balcon. Ça sent le basilic, la menthe, la coriandre. Mélissa a planté un citronnier. C'est son arbre, elle le soigne si bien qu'elle occupe presque en permanence le balcon. Sa mère n'aime pas la voir exposée sur la rue et à la vue de tous, malgré le rideau de roseaux contre la balustrade, on ne sait jamais, une balle perdue, un cocktail Molotov lancé de travers… On raconte tant de choses.

La mère a vu, chez des amies, dissimulées dans un cagibi, des bouteilles avec de l'essence en réserve. Elle n'a pas compris tout de suite. Quand ses amies lui ont expliqué, elle a pensé aux récits de l'oncle qui fabriquait des cocktails Molotov dans une arrière-boutique. C'était la guerre de libération, et là, c'est comme si la guerre recommençait, mais pas contre les soldats français. L'ennemi, on ne sait plus où il se trouve, qui il est ; la guerre d'indépendance, c'était plus simple, on savait, c'est ce qu'elles se disent, avec ses amies. Chez elle, son mari n'accepterait pas de l'essence en bouteille pour se défendre contre les terroristes s'ils venaient jusque dans les maisons, comme ils le font. Son mari a dit que c'était plus dangereux pour les enfants que pour les tueurs à domicile. Elle n'a rien pour se défendre, elle et les enfants. Mais pourquoi on viendrait dans sa maison, qu'est-ce qu'elle a fait ? Et son mari, qu'est-ce qu'il a fait ? Il est pieux, il va à la mosquée, comme les autres.

Mélissa, sur le balcon, entend le signal de la prière. C'est un haut-parleur qui diffuse l'appel dans le quartier, pas un muezzin[1].

Elle voit un garçon courir vers la mosquée, comme s'il avait peur d'être en retard, puis elle le voit à nouveau courir dans l'autre sens. Entre deux courses, il s'arrête en face du balcon et il la regarde.

Le père lit le journal dans le salon. Il a son fauteuil. Sa femme l'interdit aux enfants. Les

1. *Muezzin :* celui qui lance l'appel à la prière du haut du minaret de la mosquée.

meubles sont vieux, les mêmes depuis des années. Le salaire unique suffit à peine. Elle faisait des ménages dans les quartiers riches. Depuis deux ans, son mari lui a dit de ne plus y aller, il ne veut pas que ses enfants soient orphelins de père et de mère. Quand le père lit le journal, les enfants ne regardent pas la télé, ils ne font pas de bruit, ils restent dans les chambres, sauf le dernier, le plus calme, le père l'accepte dans le salon, il joue avec ses cubes contre le grand fauteuil. Mélissa aime ce moment, quand le père n'est pas trop fatigué, et qu'il lit à haute voix, pour sa femme, pour elle aussi, même s'il ne le dit pas. Sa femme réclame les pages Annonces, Faire-part, Horoscope. Quand il n'a pas sommeil, le père lit dans le détail et dans le désordre, parce que ça l'ennuie un peu :

La famille Zehraoui, parents et alliés de Tizi-Ouzou et de Béni-Douala expriment leur reconnaissance à tous ceux qui sont venus s'incliner devant la mémoire de leur très cher et regretté Zehraoui Mohamed, dit Si Moli Ouali, moudjahid, ancien officier de l'ALN, Wilaya [1] III, rappelé à Dieu le Tout-Puissant le 10 septembre 1993.

1. *Wilaya :* la wilaya, en Algérie, est l'équivalent d'un département.

Sa femme ne l'interrompt pas et le laisse aller d'une annonce à l'autre, d'un faire-part de deuil à un faire-part d'anniversaire… :

Achète villa ou carcasse en finition hauteurs d'Alger (Ben-Aknoun, El-Biar, Hydra…)

Cherche villas, carcasses, Alger ou environs, pour clients très sérieux et pour émigrés, accepte toutes propositions.

J.H. kabyle, émigré, beau, brun, âgé de 28 ans, agréable à vivre, désire connaître une belle et douce Algérienne ayant des qualités morales, pour une relation durable si affinités. Photo souhaitée.

J.F. âgée de 26 ans, célibataire, charmante, niveau universitaire, désire entrer en contact avec J.H. sérieux, instruit, habitant à l'étranger, en vue mariage. Téléphone et photo souhaités. Réponse assurée.

S'il n'y a pas une émission Cousteau ou un feuilleton que la mère ne veut pas rater, le père poursuit avec le plus grand sérieux :

Anniversaire

Ton Samir et Mani auront le plaisir aujourd'hui de souffler avec leur neveu et petit-fils Hichem, dit « Bill Clinton », sa cinquième bougie. Que Dieu lui prête longue vie, bonheur et prospérité.

La mère demande :

– Bill Clinton. Pourquoi ?

– Parce qu'on voit une photo du petit garçon habillé en cow-boy...

Le père résume la recette du masque aux carottes qui purifie le teint, avant de lire l'horoscope – sa femme est scorpion :

Ne vous laissez pas emporter par votre imagination, des erreurs sont toujours possibles. Les entreprises financières connaîtront des finalités vraiment valorisantes. Votre charme sera toujours efficace.

La mère rit à la fin de l'horoscope, elle dit à Mélissa :

– Tu as entendu ? Toi aussi tu es scorpion...

Le père dit :

– Vous croyez à tout ça ?

– Pourquoi pas ? C'est pour rire, de toute façon. Tu as fini ?

– Presque :

B.B., victime du lâche attentat du 22.08.1994, a succombé à ses blessures ce jour 28.08.1994. L'enterrement aura lieu le 30.08.1994 à 12 h 30 au cimetière M'Douha (Tizi-Ouzou).

Que Dieu, le Tout-Puissant, lui accorde sa Sainte Miséricorde et l'accueille en son Vaste Paradis.

Le père s'arrête, plie le journal, se lève. Il dit :

– J'allais oublier. On annonce l'arrivage de verrous et de béquilles, ça vient directement de France.

Lorsque Mélissa quitte le salon, le père dit à voix basse à sa femme :

– Je ne plaisante pas. Pour les verrous, fais attention, avertis Mélissa. On enlève des jeunes filles, lorsqu'elles sont seules dans les appartements. J'ai des amis qui m'ont dit d'être prudent si j'ai une fille. Sous la menace, elles doivent suivre deux hommes armés qui les emmènent dans les maquis pour les marier à des combattants islamistes, c'est ce qu'on raconte. Ils les prennent jeunes, elles sont vierges. Ils envoient à la famille cinquante dinars et la preuve du mariage. J'ai entendu dire que des jeunes se sont présentés dans les familles des filles disparues, avec deux régimes de dattes par fille. Ils ont dit que c'était leur dot...

– Je sais, dit la mère, des voisines en ont parlé au hammam hier. Je ne le croyais pas. Elles m'ont répété de faire attention à Mélissa. Des filles ont été enlevées dans d'autres quartiers, des filles d'amies, de cousines. Je ne laisse pas Mélissa seule à la maison. Je lui ai parlé.

Elle ajoute :

– Ça me fait penser à ce que ma sœur aînée m'a raconté : des jeunes filles sont allées dans le maquis, elles aussi, pendant la guerre… Mais jamais sous la menace. Elles étaient volontaires et même si des moudjahidine se méfiaient des femmes, elles ont prouvé qu'elles pouvaient se battre à leurs côtés et mourir comme eux. Et aujourd'hui, voilà ce qu'ils font de nos filles… Si ça arrivait à Mélissa… C'est moi qui irais la chercher au maquis et j'irais pas les mains vides…

– Mélissa est dans sa chambre. Elle n'est pas enlevée. Calme-toi.

Le père dit qu'il achètera un verrou solide, mais il ajoute que la porte sauterait avant le verrou. Il quitte le salon pour aller faire sa prière dans la chambre où il range son tapis, celui que son frère aîné lui a rapporté de La Mecque, lors de son dernier pèlerinage. Il est mort à son retour.

Le père laisse le journal sur la table du salon. Avant que sa mère ne le prenne pour envelopper les épluchures, Mélissa l'emporte dans sa chambre. Le papier autour du caillou est si froissé qu'elle a eu du mal à lire les mots barrés par les plis. C'est comme un poème inachevé. Elle le cache sous son oreiller. Elle reprend le journal, le feuillette, s'arrête à la page Petites annonces et Carnet après avoir parcouru les pages Politique intérieure et Société que son père ne lit pas à haute voix, et qu'elle lit même si elle ne comprend pas tout. Des noms, des prénoms qu'elle reconnaît, en encadré :

MARIAGE

À notre cher entraîneur, Joumi Nacer, tes ex-athlètes Choucha, Samia, Nabila, Sakina te félicitent pour ton mariage célébré le 22.08.1994, te souhaitent beaucoup de bonheur et une série de bambins.

Elle a connu Choucha, une sportive acharnée. Il paraît qu'elle s'est mariée et qu'elle porte le djilbab [1], elle ne la voit plus. Tout contre les cœurs dessinés dans l'encadré, Mélissa lit un message de condoléances :

Consternés par le décès de
Bouafia Yazid
lâchement assassiné à la fleur de l'âge, ses amis et frères du Service national, Achour, Samir, Mohamed, Mounir, Karim et Abdeslam, au nom des classes 73 B et 73 D, présentent à toute sa famille leurs condoléances les plus sincères et l'assurent de leur sympathie profonde, en cette douloureuse circonstance.

1. *Djilbab :* vêtement islamique qui couvre le corps, de la tête jusqu'aux chevilles. On ne voit ni le visage ni les mains, gantées.

Elle pense au frère aîné d'une camarade de classe qu'elle a vue pleurer, à la récréation. La fille n'osait pas en parler. Elle a raconté à Mélissa la veillée funèbre à la maison. Jeune engagé dans l'armée nationale, son frère venait de se marier. Il habitait encore dans l'appartement familial, l'armée lui avait promis un logement. Il a été abattu au cours d'une ronde, la nuit. L'armée a donné à la famille un drapeau algérien avec l'étoile à cinq branches et le croissant, pour envelopper le corps du soldat. Sa sœur a pleuré toute une nuit avec les femmes et les enfants de la famille, assis autour du corps dans le linceul national, allongé sur le sol, dans le salon.

Elle a dit à Mélissa qu'elle a un autre frère, plus jeune, qui passe des examens pour entrer dans la police. Lorsque sa mère l'a appris, elle a poussé des cris, les cris des pleureuses lors des veillées funèbres, comme si son fils était déjà mort. Elle lui a interdit de poursuivre dans cette voie, le chemin de la mort, le chemin le plus sûr. Un fils assassiné, ça suffit, répète la mère.

– Tu veux qu'on t'égorge dans la rue comme ton frère ? Je ne veux pas donner un autre fils, un innocent.

– Mais, Imma, je risque rien, le cousin de la mosquée nous protège… Ne t'inquiète pas. Qui donnera l'argent pour la maison ? Tu es seule avec mes sœurs. La pension du frère, qu'est-ce que c'est ? Les filles vont encore à l'école. Tu dois marier l'aînée, avec quel argent ? Je quitterai le quartier et la ville. Je demanderai le Sud, laisse-moi travailler.

– Je te laisse, mon fils, je te laisse. Mais pense à ton frère. Il cherchait pas la mort, elle est venue…

Avant de replier le journal, Mélissa, par hasard, en bas à gauche d'une page qu'elle ne lit pas d'habitude, voit :

À la jeune fille au balcon
Je ne connais pas ton nom,
mais je te vois chaque jour
à ton balcon.
Je t'ai envoyé des poèmes
anciens que je recopie
dans les livres.
Autour d'un caillou,
je les lance sur ton balcon.
Si tu les reçois,
réponds-moi avec
un ruban vert accroché
au coin du balcon.
Ton ami fidèle,
Malek.

Elle découpe le message et cherche un morceau de tissu vert dans le carton où sa mère range les affaires de couture. Les petites sœurs dorment, la veilleuse est encore allumée. Mélissa range le journal sous l'évier et se dirige vers le balcon, interdit dès le crépuscule. Le couvre-feu est à 22 h 30, mais personne ne sort après 20 heures. C'est la première fois depuis des mois qu'elle regarde la nuit et la rue. Dans la journée on ne les voit pas, mais tout le monde en parle, ils font peur, on les redoute autant que les terroristes, il est interdit de les photographier, les journalistes ne peuvent pas les approcher, ces hommes sont des extraterrestres, aussi fascinants et terrifiants. Mélissa regarde la cité, la rue.

Elle va peut-être voir les invisibles qu'on appelle les Ninjas. Depuis les tortues Ninja du cinéma américain, tous les enfants les connaissent, ils les aiment, mais les Ninjas algériens, nocturnes, sont féroces, on ne les voit pas. Ils patrouillent toute la nuit, quadrillent les quartiers à la recherche d'islamistes. Ils sortent des écoles d'arts martiaux, les garçons du quartier les admirent, ils veulent tous pratiquer les arts martiaux. Ils portent des cagoules noires, un uniforme noir. Ils sont armés de fusils d'assaut et on entend jusqu'au matin les bruits de leurs Jeeps Patrol, les Jeeps de la guérilla urbaine. Les Ninjas sont des diables noirs, disent les enfants, qui les dessinent partout. Mélissa sursaute.

Elle vient d'apercevoir un commando de Ninjas. Ils avancent par deux vers un immeuble de la cité. Elle s'accroupit, regarde en écartant les roseaux du balcon.

Elle ne voit ni la lumière blanche et bleue de la télévision, ni la lumière jaune des plafonniers. Elle est sûre que derrière fenêtres et volets, dans le noir, on suit les Ninjas jusqu'à l'immeuble qu'ils vont cerner. Mélissa devrait quitter le balcon, fermer les volets et retourner dans la chambre qu'elle partage avec ses petites sœurs. Elle se relève pour mieux voir, les Ninjas ne sont pas tout près.

Ils sont nombreux, au pied de l'immeuble, plusieurs massés devant la porte, le fusil mitrailleur pointé sur l'ennemi invisible, prêts à l'assaut. Mélissa attend longtemps. Au moment où elle va quitter le balcon, on entend des cris de douleur en même temps que des coups de feu, mitraillés sans interruption.

Mélissa saute dans le salon et se heurte à son père, debout contre la fenêtre ouverte :

– Qu'est-ce que tu fais là ? Tu es complètement folle… Tu veux qu'on nous mitraille aussi… Qui t'a permis ?

Il gifle Mélissa. La mère arrive en courant :

– Qu'est-ce qui se passe ? Mélissa, ma fille… Tu es blessée ? Tu pleures ? Ma fille… ma fille…

– Ta fille ! Elle était sur le balcon, à minuit... Qu'est-ce qu'elle cherche ? Elle veut notre mort à tous...

La mère gifle à son tour Mélissa qui court s'enfermer dans sa chambre.

– Ta fille est trop libre. Tu la laisses faire n'importe quoi. C'est toi qui dois la surveiller. Un de ces jours, elle se fera enlever et peut-être même avec son consentement...

La mère cache son visage dans ses mains :

– Ne dis pas des choses pareilles. C'est la première fois. Mélissa m'écoute, elle m'obéit, ne t'inquiète pas. Je lui parlerai.

La mère se dirige vers la chambre des filles, elle frappe à la porte, Mélissa n'ouvre pas :

– Ouvre-moi, ma fille. Je sais que je peux entrer si je veux, mais c'est toi qui dois m'ouvrir, ouvre-moi.

Mélissa ouvre la porte de sa chambre. Sa mère la prend dans ses bras, la serre contre elle comme une petite fille. Mélissa renifle dans son cou. Elle n'a plus quinze ans, elle a six ans, le cou de sa mère est chaud, elle peut pleurer, ça sent l'eau de fleur d'oranger, l'odeur de la maison avant la guerre des rues et la peur.

– C'est moi, ma petite fille, ta maman, ne pleure plus... On a eu peur, tu comprends, les coups de feu, les cris, toi sur le balcon... Si on t'avait retrouvée morte... Couche-toi, tu es ma petite Mélissa, couche-toi, je vais m'asseoir contre ton lit et te chanter, comme à tes sœurs.

Mélissa s'est endormie dans les soupirs du chagrin et de la tendresse.

Depuis longtemps, Mélissa ne reçoit plus de lettres de la cousine de France. Nadia lui a toujours écrit une fois par semaine, Mélissa aussi. Elle a attendu une semaine, puis deux, un mois, trois mois, rien. Elle a cessé d'écrire, pensant que Nadia l'oubliait. La cousine, un jour, a téléphoné. Le silence de Mélissa a inquiété la famille, il était peut-être arrivé un malheur. Nadia envoyait une lettre chaque semaine, malgré l'arrêt brutal du courrier algérien, et Mélissa répétait qu'elle n'avait plus de lettres depuis trois mois.

Elle a compris, le jour où le facteur a été remplacé. Il boycottait les lettres de France par devoir, pour obéir à une consigne donnée par un chef de secteur qui prenait ainsi des décisions personnelles, incontrôlées. Le boycott des produits français, des entreprises françaises, l'assassinat de ressortissants français et étrangers… On savait tout cela, mais interdire la distribution du courrier en provenance de la France, Mélissa avait découvert ce décret clandestin après le coup de téléphone de Nadia.

Le nouveau facteur distribue le courrier normalement. La correspondance avec Nadia a repris mais avec prudence. Nadia ne dit pas tout, les lettres pourraient être interceptées, utilisées contre la famille d'Alger. Mélissa sait que la mère de Nadia ne lit pas le courrier de sa fille. Elle le surveille peut-être, mais elle ne le lit pas. Nadia lui donne des nouvelles de la famille, c'est l'essentiel pour la mère. Mélissa, elle, raconte ce qu'elle ne dit à personne. Le garçon qu'elle voit tous les jours du balcon, et qui n'a pas osé l'aborder sur le chemin de l'école ou dans le bus, les messages dans le journal, les poèmes lancés avec une pierre, le ruban vert qu'il a dû voir, puisque chaque jour Mélissa ramasse un caillou dans les pots de menthe ou de basilic. Si sa mère le trouve avant elle, ce jour-là… Lorsqu'elle met les papiers bout à bout, elle lit un long poème, un poème d'amour de Majnun à Leïla, elle ne le connaît pas ; en classe on ne lit pas des poèmes d'amour, même anciens ; le maître d'arabe fait apprendre le Coran [1] par cœur et on doit le réciter sans fautes. Il a une baguette en bois d'olivier pour frapper ceux qui récitent mal.

1. *Le Coran :* le livre sacré des musulmans, révélé au prophète Muhammad (Mahomet), au VIIe siècle de notre ère.

Le garçon qu'elle voit de son balcon, à qui elle n'a jamais parlé, lui a écrit que le poète Qaïs aimait Leïla, la fille d'un chef de tribu ; un amour fou et malheureux. Qaïs s'est réfugié dans le désert, parce que son père avait marié sa bien-aimée à un autre homme. Il est devenu fou, on l'a appelé Majnun, le fou de Leïla. Il criait des vers, suivi par les gazelles et les fennecs, des poèmes d'amour qu'on récite encore aujourd'hui, sauf dans les écoles du quartier, soumises à la censure. Nadia a dit à Mélissa qu'elle lui enverrait l'histoire de Tristan et Iseult qu'elle lit au collège. Elle lui a parlé d'un garçon qu'elle croise chaque jour, lorsqu'elle va à l'école, il la regarde et il lui sourit, mais il ne lui a pas adressé la parole. Elle ne sait pas comment faire pour que ça change, et elle ignore à quel collège il va. Elle lui enverra un message autour d'un caillou, pourquoi pas, mais il faudra viser juste… Elle ne l'a pas fait. Le garçon a traversé la rue, il s'est arrêté devant elle, il a dit :

– Je m'appelle Tristan.

– Et moi Iseult… Non, moi, c'est Nadia.

La cousine habite La Courneuve, en banlieue, pas loin de Paris. Elle a envoyé à Mélissa un plan du métro. Mélissa ira voir Nadia en France. Nadia ne vient plus en Algérie.

Sa mère l'a surveillée plusieurs semaines de suite. Le balcon est interdit, sauf pour étendre et ramasser le linge. Mélissa regarde vite, très vite, entre les pyjamas des petits, elle guette le garçon, il ne vient plus. Lorsqu'elle arrose les herbes de sa mère et son citronnier, elle ne retrouve pas les papiers froissés autour d'un caillou. Elle ne sait rien de lui, sinon qu'il aime la poésie. Dans les pages que son père ne lit pas, aucun message, le journal est muet.

Le téléphone sonne. Comme chaque fois, sa mère se précipite, elle attend la mauvaise nouvelle. Mélissa, d'après la voix, reconnaît l'appel, elle ne se trompe jamais. Quand sa mère raccroche furieuse, c'est qu'un dragueur s'amuse à troubler les femmes seules ou qu'un inconnu vient de réciter le texte d'une menace.

– Des menaces… Mais où il se croit ? À qui il parle, ce morveux ? Si je le tenais là, en chair et en os…

Mélissa dit en riant :

– Tu le battrais avec le nerf de bœuf, tu n'aurais pas peur ? Il serait peut-être armé…

– Et alors ? Tu crois que j'ai peur ?

– Non, non, Imma, je sais, mais une arme, qu'est-ce que tu peux faire ?

– Rien, mais quand même…

Cette fois la mère écoute attentivement. Quelqu'un qu'elle ne connaît pas, un homme, demande à parler à Mélissa. On cherche à savoir si une jeune fille habite la maison? Un homme sait que Mélissa vit ici? Elle le connaît? La mère ne répond pas. Elle regarde Mélissa et raccroche.

– Qu'est-ce que c'est que ces histoires? Un homme t'appelle à la maison? Et familier avec ça... Tu vas t'expliquer, ma fille... Tu ne sais pas ce que tu fais. Qu'est-ce que ton père va dire? Alors?

– Je t'assure, Imma, c'est une blague...

– Quoi? Une blague? Un homme qui te demande, qui connaît ton nom, une blague... Tu te moques de moi...

– Non, Imma, tu peux me croire. Jamais un homme ne m'a abordée dans la rue, jamais je n'ai répondu à personne, c'est vrai qu'on me suit souvent, on cherche à me parler, mais je fais ce que tu m'as dit, je vais à l'école avec une copine, on marche vite, on regarde personne. Je t'assure, Imma, tu peux me croire, je mens pas.

– Attention, Mélissa, attention... Tout est dangereux, tu le sais...

– Je sais, Imma, je sais. Ne dis rien à papa. Il va s'inquiéter, c'est pas la peine...

– Fais attention à toi, ma fille.

Dans sa chambre, Mélissa feuillette le journal. Soudain elle lit, en bas à gauche, comme la première fois :

À la jeune fille au balcon
Tu ne me vois plus,
Tu penses que je t'oublie.
J'écris des poèmes pour toi.
Ma sœur te les donnera
En secret.
Je ne peux rien dire.
Ton fidèle M.

Elle découpe le message et le cache avec les poèmes dans son tiroir, entre deux tee-shirts. Sa mère ne fouille pas, mais lorsqu'elle range le linge propre... Mélissa a cousu une pochette dans un morceau de vieux tee-shirt que sa mère allait mettre aux chiffons.

Les après-midi de couture, Mélissa est toujours là, même si elle a du travail pour le collège, elle fera les derniers devoirs dans la nuit, les petites sœurs dorment, elle est tranquille. Chaque nuit, elle écrit dans un cahier à lignes. Son père lui a rapporté un jour trente cahiers d'écolier. Il a dit : « Ces cahiers sont pour Mélissa. » Sa mère a protesté : « Et les autres, ils vont à l'école, eux aussi. » Le père a insisté : « C'est un cadeau pour Mélissa. Elle aime lire, elle aime écrire, le papier est cher... Ces cahiers, on me les a donnés, un vieux stock d'avant l'Indépendance. C'est pour elle. Les enfants vont les gribouiller, elle non. Elle peut écrire une histoire pour eux, si elle veut. » Mélissa a embrassé son père quatre fois, elle lui a dit qu'elle écrirait une histoire, elle l'a promis, elle l'a fait. Les enfants la connaissent par cœur, et l'avant-dernier qui ne sait pas lire fait semblant de lire dans le cahier, il ne se trompe pas.

Les cahiers réservés au journal intime, Mélissa les cache dans les gros dictionnaires Larousse, rouges et vieux, auxquels sa mère ne touche jamais. Son père les a récupérés sur un trottoir, quelques semaines après l'Indépendance. Ses rêves, elle les écrit chaque nuit, avant de se coucher. Ses vrais rêves et ses faux rêves. Souvent des cauchemars. On force la porte et on tire son père sur le palier. Sa mère hurle. Elle se réveille. Ou bien c'est elle qu'on enlève. Elle a entendu des histoires de filles enlevées et disparues. À l'école, les filles parlent de rapts, de viols, de mariages forcés, de grottes dans la montagne où les filles passent leur première nuit, la nuit de leurs noces, loin de la maison, loin de la mère, avec des inconnus armés et barbus. Les histoires qu'elles racontent deviennent des feuilletons, chaque jour un nouvel épisode, comme si elles voulaient être enlevées. Dans ses cahiers, elle parle de tout. De sa vie, sa vie minuscule dans un pays immense, aimé et inconnu, sa petite vie dans le chaos des jours où on assassine, où on arrête, où on torture. Comme si elle vivait entre le silence de la peur et les cris de la terreur. On égorge, on tue à bout portant, on mitraille, on met des bombes. Sa vie, si banale, la maison l'école, l'école la maison. S'il n'y avait pas les messages de Malek… Ses poèmes, ce qu'elle lui écrit chaque jour et qu'elle cache dans son cartable. Personne ne fouille, ni les petits, ni les grands, ni sa mère. Son cartable, c'est son jardin secret, le plus sûr, le plus fidèle. Malek ne lui a jamais parlé, mais elle l'entend avec ses copains sur le chemin du bus. Il la regarde, elle aussi. C'est tout. Il sait qu'elle lit ses poèmes, elle sait qu'il lit ses lettres. Ses yeux sont bleus. Elle a rêvé qu'ils se promenaient dans le jardin interdit. C'est l'été, le soir, ils marchent vers la mer. Il dit qu'il aime l'odeur de la mer. Depuis qu'il ne se baigne plus, il la cherche, mais la ville est si sale, elle pue, c'est comme si la mer avait disparu, il étouffe, c'est l'asphyxie. Dans ses lettres, elle lui raconte ses rêves, les rêves heureux, les autres non. Elle ne lui dit pas qu'un soir il l'a serrée dans ses bras, elle a eu peur : si on la voyait… Il a dit que Dieu les protégeait, il protège ceux qui s'aiment. Ce soir-là il ne l'a pas embrassée. Elle ne lui dit pas que dans ses rêves il l'embrasse et qu'elle se réveille en sueur.

Sa mère a une vieille Singer, la voisine aussi.

Elles occupent le salon avec les autres femmes de l'immeuble. Elles s'arrangent pour les tissus, les modèles, les patrons; elles ne jettent pas les magazines féminins, même s'ils datent de plusieurs années. Elles taillent, elles cousent, les tabliers pour les enfants, les jupes, les robes et même les hijebs. Pas une de ces femmes ne sort sans son hijeb. Elles choisissent les tissus les plus jolis, les plus fleuris, malgré la consigne d'austérité : pas de couleurs vives, du gris ou du noir, pas de broderies, pas de fantaisies... Pourquoi une musulmane ne serait-elle pas agréable à voir et joyeuse? Pourquoi une femme doit-elle être triste et laide si elle aime Dieu? Les hijebs des après-midi de couture sont plus beaux que ceux des magasins de la ville. Les femmes repartent avec leur hijeb comme si c'était une pièce rare... une création...

Un après-midi, une voisine est venue avec une amie. Les femmes écoutaient la radio et des cassettes, les enfants voulaient du rock et les mères du raï[1]. Lorsque la voisine est arrivée, les femmes avaient mis une cassette de raï. La voisine, qui portait le djilbab, s'est arrêtée au seuil du salon. Elle a dit :

1. *Raï :* musique populaire algérienne, censurée par les islamistes. On la connaît en France grâce, notamment, au chanteur algérien Cheb Khaled.

– Vous écoutez une musique impie. C'est un péché, une honte… Des femmes et des enfants… Vous irez en enfer, mais, avant, vous serez châtiés comme il se doit… Arrêtez cette musique tout de suite, sinon…

La mère de Mélissa s'est levée, les femmes se sont tues, on n'entendait plus les machines à coudre, seulement la chanson de Cheb Hasni, la mère a dit à Mélissa :

– Monte le son, au maximum.

Elle s'est dirigée vers la femme, dont elle ne voyait ni le visage ni les yeux :

– Je ne veux pas de fantôme chez moi, encore moins d'un fantôme qui donne des ordres…

La femme est partie avec son amie. La mère de Mélissa a dit :

– Qu'elles ne reviennent pas chez moi… Je les recevrais à coups de…

Mélissa l'interrompt en riant :

– De nerf de bœuf…

– Exactement… Et elles comprendront…

Les femmes reprennent la couture, Mélissa baisse le son. On entend un orchestre de musiciennes algériennes, une voisine dit :

– La musique, c'est péché… Vous n'avez pas le droit… On va aller chercher la milice…

Les femmes rient, parlent toutes à la fois :

– Vous serez flagellées comme la directrice d'école qui a refusé de séparer les garçons des filles, et qui n'a pas obligé les filles à porter le hijeb...

– Vous serez enlevées, les jeunes filles, pas les vieilles... et mariées de force dans le maquis...

– Vous serez exécutées par la Phalange de la mort comme les « chouafates », les voyantes qui sont des impies, des sorcières, des hérétiques...

– Vous serez égorgées devant vos enfants...

La mère de Mélissa se lève à nouveau, elle dit :

– Qu'Allah nous protège, Allah est grand ! Nous n'avons pas fait le mal, personne ne viendra nous tuer... C'est l'heure de la prière, prions ensemble, demandons la paix pour les justes...

Une fois par mois, si le travail de couture laisse un peu de temps, les voisines se rencontrent autour d'un casque de coiffeur. Les islamistes ont interdit les salons de coiffure pour femmes, il a fallu les fermer. Une amie coiffeuse a transféré ses casques dans son appartement et les a distribués. Elle va chez les unes, chez les autres, on vient dans son salon privé à domicile, c'est ainsi qu'elle est encore coiffeuse et qu'elle nourrit la famille. Coupe, couleur, permanente... les femmes n'ont pas renoncé à être des femmes. Les cosmétiques, interdits. Le maquillage, interdit... Les cheveux doivent être longs, les visages blêmes, les peaux boutonneuses... La fête, interdite... Plus de musique, ni de bijoux aux mariages... Une femme raconte que des musiciennes ont été chassées d'une maison où elles avaient été invitées pour la noce de deux sœurs jumelles qui se mariaient le même jour :

– Chassées, comme des voleuses... Et ma tante, une musicienne qui a fait le maquis avec d'autres musiciennes, qu'est-ce qu'elle aurait dit ? Au maquis, pendant la guerre on n'a pas dit non aux musiciennes, deux sont mortes pour le pays... Et aujourd'hui ils chassent les artistes comme si c'étaient des femmes de mauvaise vie...

Celles qui ne sont pas immobilisées sous le casque ou par la Singer dansent sur le tapis du salon. Elles apprennent les gestes aux petites filles, la danse orientale avec le foulard sur les reins, les danses algériennes, algéroises, kabyles...

– Attention, crie une femme, un commando de 404 bâchées[1]...

Les femmes cessent de danser, se penchent aux fenêtres. Des militantes islamistes entrent dans l'immeuble. Elles viennent faire la quête dans les familles pour les pères, les frères et

1. *404 bâchées :* les Algériens appellent ainsi les sœurs musulmanes couvertes de la tête aux pieds comme les fourgonnettes Peugeot 404 avec bâche.

les fils enfermés en prison, envoyés dans les camps disciplinaires ou engagés au maquis. Elles distribuent des tracts et des conseils, elles sont persuasives et patientes. Rien ne les arrête dans leur mission. Elles font du porte-à-porte à plusieurs. Elles prêchent, mais elles sont aussi habiles à consoler, elles aident les femmes et les familles démunies... La mère de Mélissa connaît les voisines engagées comme ces miliciennes, elle parle à celles qu'elle estime, elle ne reçoit pas celles qu'elle appelle les « servantes des criminels », elle dit que ces femmes-là ne sont pas les servantes de Dieu, elles sont les « commissaires politiques du crime »...

– Je sais reconnaître les musulmanes, celles qui pratiquent humblement, comme moi, la religion du Prophète... Les autres ne sont pas des musulmanes.

Les femmes se remettent à coudre, à bavarder, à danser. La mère de Mélissa n'a pas ouvert au « commando ».

On entend le prince du raï love, Cheb Hasni, la chanteuse Chaba Fadela. Les femmes reprennent ensemble les refrains qu'elles connaissent par cœur, les petites filles apprennent avec leurs mères des chansons prohibées, des danses de mariage, elles taillent des vêtements pour leurs poupées. Les jouets sont de plus en plus rares, les poupées n'ont jamais été aussi soignées, choyées. Des princesses... de vieilles princesses, pour la plupart.

Mélissa arrose le citronnier.

Un bruit contre les roseaux lui fait lever la tête. Une fille lance vers le balcon un objet rond qu'elle attrape au vol. C'est la sœur de Malek. Mélissa lit quelques mots écrits à la hâte sur le papier froissé. La sœur attend une réponse. Mélissa envoie sa lettre ficelée autour du caillou. La fille la cache sous son hijeb, elle fait un signe d'adieu à Mélissa. Cette fois il n'a pas écrit un poème. C'est un mot griffonné à la hâte où il explique qu'il a dû quitter le quartier, il s'est réfugié chez une tante près d'Alger. Avec des copains, ils ont formé un Cercle des poètes, ils écrivent des poèmes qu'ils envoient aux journaux, en arabe et en français. Certains ont été publiés, ceux qui s'attaquent au pouvoir et à la mosquée, aux « ennemis des jeunes et de la liberté », c'est comme ça qu'ils appellent ceux qui détournent l'argent des biens publics, et ceux qui détournent les âmes et les cœurs. Leurs poèmes sont des poèmes de rebelles. Qui les a donnés, ils ne le savent pas, mais, une nuit, leur Cercle a été envahi par des inconnus qui ont fouillé, jeté les livres et les papiers, déchiré les journaux. Ils ont laissé une lettre de menace avec leurs noms. Quelqu'un les a trahis. Ils ont abandonné le Cercle des poètes pour quelque temps, ils s'organiseront autrement, et ils écriront, ils publieront des vers et des vers, des épopées virulentes et des satires au vitriol. Certains voudraient aller plus loin... Il n'en dit pas plus.

La mère revient de l'école où elle accompagne, chaque matin, les plus petits. Mélissa n'est pas encore partie. Elle remarque le visage de sa mère, plus soucieux que les jours où rien ne va.

– Qu'est-ce que tu as, Imma ?

– Quand tout ça va s'arrêter, quand ? Si c'est pas malheureux... Une guerre, une révolution, sept années de souffrance pour voir ça... Et toi, ma fille, qu'est-ce que tu vas devenir, dis-moi, c'est la nuit depuis si longtemps. Qu'est-ce qu'on peut faire ? Un pays qui n'espère plus, des jeunes qui sont comme fous, ils s'engagent sans réfléchir, ils jouent avec des armes et ils tuent pour le compte de qui ? Pas pour le pays, ça non. Chaque jour, du nouveau dans la catastrophe...

– Mais, Imma, dis-moi ce qui se passe... Pourquoi tu parles comme ça. C'est pareil depuis des mois et des mois... Alors ?

– Je suis passée devant la mosquée. J'ai vu un attroupement. Je sais que des listes circulent, mais jusqu'ici je n'en avais pas vu de mes yeux. Je me suis approchée de la porte, et j'ai vu la liste noire avec des noms. J'ai cherché ton père, il n'est pas sur la liste, j'ai failli pleurer de joie, mais les autres femmes... J'ai pensé à ce que ma sœur aînée nous a raconté. Les noms des condamnés à mort sur la porte de la prison Barberousse à Alger, les femmes, les mères, les sœurs qui voyaient le nom de l'un des leurs, elles savaient qu'il serait exécuté à l'aube, dans la cour de la prison. Les autres détenus politiques savaient aussi. Les hommes et les femmes se mettaient à chanter des chants patriotiques, à l'heure de l'exécution. Personne ne pouvait les faire taire. C'était la guerre, et maintenant c'est encore la guerre, chez nous, entre nous. Quelle malédiction... Pourquoi cette malédiction sur nous, les Algériens, pourquoi ?

La mère pleure. C'est la première fois que Mélissa voit sa mère pleurer. Elle met ses bras autour de son cou, l'embrasse, essuie ses larmes.

– Imma, Imma, ne pleure pas...

– Je ne pleure pas, ma fille, je ne pleure pas. Je suis fatiguée, c'est tout. J'ai eu peur pour ton père. Ça va passer. Pense à l'école. Tu vas être en retard...

– Mais, Imma, je veux rester avec toi.

– Jamais de la vie. Tu vas au collège et en vitesse... Va, ma fille, va.

Elle embrasse Mélissa. C'est l'heure de la prière. Son tapis est dans sa chambre. Elle fait ses ablutions[1] avant de mettre sa robe et son foulard de prière.

Mélissa a reconnu la sœur de Malek, à l'arrêt du bus. Il lui a écrit. Elle met la lettre dans la poche de son tablier, sous le mouchoir que sa mère humecte chaque matin avec de l'eau de fleur d'oranger.

Une clameur monte de la rue. Mélissa court vers le balcon. Elle entend :

– Cheb Hasni est mort ! Cheb Hasni est mort ! Assassiné... Assassiné... Maudits soient les tueurs, maudits soient-ils... Cheb Hasni notre prince est mort !... Que Dieu le Miséricordieux le reçoive en son Vaste Paradis... Maudits soient les assassins... Qu'ils aillent droit en enfer... Nous sommes morts avec Hasni...

Des jeunes gens, des garçons, des enfants courent dans la rue en criant. Pas de filles, ni de femmes. C'est une émeute de la colère. Ils scandent les noms de tous ceux qui ont été assassinés, et ils courent en désordre dans les rues du quartier. Mélissa quitte le balcon pour

1. *Ablutions :* ce sont les rites de propreté obligatoires avant chacune des cinq prières.

les rejoindre, sa mère arrive, essoufflée, elle lui barre la porte :

– Tu es folle ! Tu veux être tuée, toi aussi... Tu sais ce qui va arriver ? Regarde ou plutôt écoute.

Une sirène de police, puis deux, trois... Les fourgons foncent dans les rues du quartier. Les manifestants s'écartent et reforment aussitôt le cortège. Ils courent, ils crient, ils brandissent des bâtons, ramassent des cailloux sur les chantiers à l'abandon, ils ne savent pas ce qu'ils veulent faire, ils crient vengeance.

Mélissa est sur le balcon. Elle regarde le flot hurlant.

Elle reconnaît Malek, ses yeux bleus. Il lui fait un signe avant de disparaître, porté par la foule.

Les Ninjas arrivent.

Les manifestants qui courent en tête ont mis des cagoules, ils dirigent les émeutiers, les dispersent, les rassemblent plus loin ; rapides, mobiles, les garçons échappent aux Jeeps Patrol, ils n'éviteront pas les balles, si les Ninjas les mitraillent. Jusqu'à l'heure du couvre-feu, ils ne cèdent pas. Ils iront tous aux funérailles de Cheb Hasni. Il est mort pour qu'ils vivent.

C'est la nuit. Le silence, comme pour une veillée funèbre avant que les bruits de la vie reviennent.

Mélissa ne dort pas.

Doucement, elle se glisse jusqu'au balcon. Malek est debout contre le mur de l'immeuble d'en face. Elle lance sa lettre vers lui, il saute comme au basket, l'attrape. Il lui montre le ruban vert qu'il a épinglé sur son blouson.

Il s'en va.

La photo d'identité

L'enfant, il s'appelle Yacine, s'arrête chaque jour à la Librairie des Deux Rives. Debout devant la vitrine, il regarde les bandes dessinées et les photographies.

La première fois, il est resté longtemps, le visage contre la vitre, à cause d'une image de guerre qui ne ressemblait pas à celles qu'il voit, tous les soirs, à la télévision, des vraies, des fausses...

Il ne sait plus, à la fin, si c'est du cinéma, il aime les films de guerre, il les regarde tous, il les revoit en vidéo chez des copains. La Yougoslavie – il dit encore la Yougoslavie, bien qu'elle n'existe plus —, il ne comprend pas très bien, il entend parler de Sarajevo assiégée, par qui, pourquoi, les Serbes, les Croates, les Bosniaques, ils se battent, ils doivent bien savoir, ils ont des armes, ils sont habillés en soldats, ils se tuent. Les obus tombent dans les rues de la ville, sur les immeubles, on voit des hommes et des femmes qui courent, des enfants vont chercher l'eau loin de leur maison, des cadavres restent sur les trottoirs. On entend parler des Casques bleus, ils ne sont pas contents, on leur tire dessus, ils restent calmes, ils sont là pour la nourriture, les assiégés de Sarajevo seraient déjà morts de faim, paraît-il.

La photographie de la vitrine est étrange. La libraire a exposé des albums et des journaux de la guerre d'Algérie. Pourquoi cette photo-là ? Il ne connaît pas la libraire, il ne va pas dans les librairies, pour quoi faire ? Il s'est dirigé vers la porte, il allait l'ouvrir, il s'est ravisé. Il est parti.

Un homme marche dans la ville. Quelqu'un qui vient de loin, d'un autre pays. Il est seul. Il marche comme s'il n'allait pas au travail. Il ne se promène pas, non plus. À cause du froid, il porte une toque en astrakan synthétique, mais il n'a pas de manteau, seulement une veste grise aux épaules trop étroites, et une écharpe noire en laine tricotée à la main, au point mousse. Son jean est vieux.

Il va droit devant lui, les mains dans les poches. Il ne regarde pas les magasins, ni les passants. Il a les yeux fixés sur le macadam du trottoir. Il ne sait pas que l'avenue est bordée de platanes et, s'il levait la tête, il verrait au sommet d'un arbre, à la fourche de deux solides branches, un nid géant tressé avec des brindilles, par quel oiseau ? Dans la ville, on entend des pigeons, des merles parfois, des corbeaux, des mouettes qui ont suivi la Seine et qui s'égarent dans les squares.

Pour lui, les arbres n'existent pas, ni les oiseaux, à peine les voitures et les bicyclettes, les feux, oui, parce qu'il doit faire attention lorsqu'il traverse.

Plusieurs fois, il est passé devant la Librairie des Deux Rives, sans s'arrêter. Peut-être ne sait-il pas lire. S'il vient d'un pays lointain, il parle une autre langue.

Il a couru jusqu'à la librairie. Si les photographies ne sont plus à leur place, si la libraire a enlevé celle qu'il veut regarder encore, il ne la retrouvera jamais.

Yacine est debout, la paume de ses mains plaquée contre la vitre. La buée de son haleine fait un rond sur la vitrine, il s'amuse à souffler de plus en plus fort, il veut voir comme un brouillard. De l'index de la main gauche, il dessine un cercle, l'œil d'une caméra, il voit mieux ainsi.

Sa mère n'aime pas qu'il soit gaucher. Elle dit toujours que c'est la main du diable. Il ne sait pas pourquoi, et s'il lui demande, elle répond que c'est ce qu'on dit au pays, au village : la main gauche est la main maudite, si on est gaucher, il est interdit d'écrire des versets du Coran. Yacine lui dit en riant :

– Tu sais, Imma, moi, écrire des versets du Coran dans la langue du Prophète... c'est pas possible, ou alors un miracle... Un jour peut-être, j'écrirai des vers de La Fontaine, et tout à coup, sur la page, je verrai des lettres arabes et je saurai lire et écrire la langue du Livre.

La mère lui dit de ne pas rire, c'est sérieux, il devrait, même s'il est gaucher, elle n'y peut rien, apprendre l'arabe après l'école, c'est la langue de Dieu, il ne doit pas l'oublier. Yacine répond :

– Oui, oui, Imma, oui, maman, j'apprendrai tout ce que tu veux...

– Tu vas aux cours d'arabe ?

– Non. Pas encore. Le maître est un bourricot...

– Mon fils, ne parle pas comme ça, un maître d'école ne peut pas être un bourricot.

– Si tu le voyais...

La mère regarde son fils qui dessine une carte du monde, de la main gauche. Il est habile, elle s'en étonne, elle dit :

– Si tu étais allé à l'école chez nous, au village, le maître t'aurait obligé à écrire avec la bonne main, pas la main sauvage… Mon oncle, on lui attachait la main gauche dans le dos, toute la journée, il a appris avec la main droite, on le détachait seulement pour dormir, ça a marché… Mais toi, c'est trop tard. Quand j'ai dit à la maîtresse de te faire écrire et dessiner de la main droite, elle a été étonnée, elle n'a pas compris que c'est mauvais la main gauche. J'ai insisté. Elle a dit qu'on n'oblige plus les enfants. Je lui ai expliqué que j'ai essayé, quand, la première fois, tu as pris la cuillère de la main gauche, tu étais tout petit, tu n'as pas voulu changer de main et après tu te mettais à crier, je t'ai laissé manger comme tu voulais… Alors voilà, tu manges avec la main qui lave le derrière…

Yacine se met à rire.

– Comment tu parles, Imma… Qu'est-ce que tu dis ?

– Ce que je dis est vrai, mon fils, tu dois savoir que pour la prière on se lave, et c'est la main gauche qui lave le derrière, tout le monde le sait, on l'apprend à tous les enfants musulmans, tu le sais, je te l'ai dit déjà, tu l'as oublié.

Yacine rit à nouveau, lorsqu'il repasse l'index de la main gauche sur le rond. La photographie est encore là. Il a eu peur. Il ne l'aurait jamais retrouvée. À la télé, on ne montre pas des photos comme ça, seulement des corps qui tombent, en direct, dans les feuilletons et les téléfilms, surtout les policiers, au journal c'est pas du direct, pas toujours. Un homme, une femme, un enfant, couchés en travers de la rue pavée, l'anorak retroussé dans la chute, sur le ventre ou sur le dos, les mains à plat sur des gravats mouillés, une tache brune, mais on ne distingue pas le sang de la pluie... Le journal télévisé raconte chaque jour en images les désastres du monde, il ne s'en lasse pas. Sa mère, de la cuisine où elle fait revenir des oignons pour les pâtes fraîches à la tomate – c'est ce qu'il préfère —, crie vers la salle de séjour où il regarde la télévision dans le fauteuil réservé au père, mais le père rentre tard, Yacine est tranquille, sa mère crie à nouveau :

– Pourquoi tu regardes ça, mon fils ? Toujours pareil, la guerre, la guerre... et la nature qui veut nous avaler... Arrête, arrête la télé, ça suffit, la même chose tous les jours... Tu aimes la guerre ou quoi ?

– Oui. J'aime la guerre. Quand je serai grand, je serai soldat, colonel, j'irai à la guerre, tu verras...

– Tout de suite colonel ?

– Oui, naturellement...

– Alors, mon fils, travaille à l'école...

– J'aime l'Histoire, j'apprends bien.

– C'est bien. Travaille. Arrête la télé...

C'est comme ça tous les soirs, avant le retour

du père. Il arrive, il mange, il s'assoit devant la télévision, dans son fauteuil, personne ne parle.

La photographie dans la vitrine, n'a pas été prise à Sarajevo, peut-être en Algérie, mais Yacine se demande si c'était vraiment la guerre. Il colle son visage sur le rond clair, il lit : *Femmes algériennes, 1960*. En 1960, la guerre n'était pas terminée et ces photos, c'est l'Algérie, même si on ne voit pas de paysage. Seulement des portraits de femmes, Yacine ne le sait pas encore. Lorsqu'il osera entrer dans la librairie, il feuillettera l'album si la libraire ne le surveille pas. Il ne le volera pas, c'est trop grand pour tenir sous le blouson comme à Carrefour, une librairie, c'est pas Carrefour. Il n'a pas encore pensé à voler dans une librairie. Si elle faisait aussi papeterie, les stylos ça se revend bien, mais les livres ça ne vaut rien.

Il regarde la photographie.

Yacine sent quelqu'un près de lui. Il ne bouge pas. Il n'aime pas la chaleur d'un inconnu. Le reflet dans la vitre, il le surprend très vite. Il reconnaît d'abord la toque en astrakan synthétique, son père en porte une, lui aussi, pour aller à son travail, l'hiver, sur la Mobylette, il fait froid. Il ne se dit pas que cet homme est son père, son père, il ne l'a jamais rencontré dans la rue, loin du bloc HLM qu'ils habitent en banlieue. Il va peut-être en ville, il n'en sait rien. Il l'aurait reconnu sans le voir, à l'odeur, il sent le café de la maison et le tabac gris, bon marché. Lui, Yacine, il fume des Marlboro, comme les copains, ils se débrouillent pour ne pas les acheter. Son père ne le sait pas, il ne fume pas devant lui, jamais, ni son frère aîné ; chez eux, un fils ne fume pas en présence du père, c'est comme ça, et lui, il est trop jeune de toute façon, il se cache, il va avec les copains dans les caves et les terrains vagues, c'est plus tranquille. Le tabac gris, c'est pour les pauvres, son père est un pauvre, il travaille à l'usine, loin de la cité, il revient tard, souvent après le journal télévisé, il ne fume pas des Marlboro.

L'homme regarde les photographies dans la vitrine. Il peut rester là longtemps, il ne travaille pas. Yacine n'aime pas que l'inconnu soit si près de lui. L'homme ne semble pas se préoccuper de ce garçon arrêté devant la Librairie des Deux Rives. Sait-il que Yacine regarde les mêmes photos. Peut-être que l'homme a fait la guerre, dans le pays de son père ? Yacine ne sait pas – son père ne lui parle pas de ces années-là —, s'il était soldat. Il a posé des questions à sa mère, elle n'a pas répondu. Il lira l'histoire de cette guerre dans les livres. Il a déjà vu des films à la télé et en cassettes chez des copains. Son frère aîné lui dit de penser à autre chose, que c'était une sale guerre. Il ne comprend pas. Il ne pose plus de questions.

Soudain, l'enfant se décide.

Il entre dans la librairie comme s'il était poursuivi, haletant, il ferme la porte en la claquant et se tient debout, les mains dans le dos, raide, agressif.

La libraire, qui était dans l'arrière-boutique, accourt au bruit de la porte vitrée. C'est une vieille librairie où tout craque, le parquet, les étagères, les petits carreaux de la porte d'entrée. Elle est seule, une jeune fille l'aide, deux après-midi par semaine, le mardi et le vendredi, elle veut être bibliothécaire, plus tard. Ce matin-là, la librairie est vide.

Yacine est resté debout contre la porte. Il n'a pas bougé. La libraire se dirige vers lui, il rentre la tête dans les épaules, comme s'il allait foncer sur elle, elle s'approche encore, il ne bouge pas. Elle dit :

– Que se passe-t-il ? Vous êtes malade ? Vous avez un malaise ? Vous êtes tout pâle…

Elle regarde vers la vitrine :

– C'est votre père, dehors ?

Yacine dit non, de la tête.

– Alors ?

Yacine dit, très vite :

– J'avais froid, c'est tout.

La libraire montre le vieux poêle en faïence au fond de la boutique, elle dit :

– C'est un poêle que j'ai trouvé aux Puces, il chauffe bien. Chez moi, j'ai le chauffage central, dans la librairie je préfère ce poêle, il me rappelle mon école à la campagne, en Dordogne…

Yacine n'écoute pas. Il n'a toujours pas bougé. La libraire ne s'inquiète plus, c'est un enfant qui a froid, simplement.

Yacine guette la vitrine. L'homme n'est plus là. Yacine ouvre la porte, brutalement, il sort en courant. La libraire le regarde à travers les petits carreaux. Il disparaît derrière les platanes de la rue, au bord de la Seine. Il réapparaît sur le pont qu'il traverse au pas de course. Elle ne le voit plus.

Il est assis sur un banc du square, de l'autre côté du fleuve. Il attend les copains, le banc est situé contre un bosquet touffu, un peu à l'écart, c'est là qu'ils se donnent rendez-vous pour préparer leurs coups. Surtout ne pas se faire prendre. Être intelligent, ils sont tous intelligents et rusés, courageux aussi quand même, certains moins que d'autres, ils en tiennent compte pour échapper à la police. Ils discutent indéfiniment de détails tactiques, parfois si longtemps qu'il leur est arrivé de ne pas bouger du square et de laisser passer une occasion exceptionnelle... Si la police arrivait un jour chez lui... Il ne veut pas y penser. Il sait que son père le battrait à mort et qu'il le livrerait à la police et à la justice, malgré les cris et les pleurs de la mère et des petits. Son père serait impitoyable. Il va peut-être laisser tomber...

Il est seul sur le banc. Les copains ne sont pas venus, il s'est peut-être trompé de jour. Ça lui arrive, surtout les semaines où il sèche. Enfin, certains cours, parce que le prof ne l'aime pas et lui non plus. Il guette les lettres du collège dans la boîte. Son père ne sait pas lire, le frère aîné oui, il se méfie, il lui demande tous les soirs les notes, pas seulement les bonnes, il répond que tout va bien, pas de problème.

Il attend sur le banc. Il s'ennuie. Des hommes parlent fort, on dirait qu'ils se disputent. Yacine lève la tête vers les voix. Au bord de la pelouse au-delà de la deuxième allée, il y a une table de pierre sur laquelle on a gravé un damier. Yacine reconnaît l'homme de la vitrine. Malgré le froid, ils jouent aux dominos en plein air, comme au pays devant les cafés, sur la place publique. L'homme est penché sur la table, le dos voûté, il a l'air de réfléchir. Yacine préfère les échecs, un jour, il sera le meilleur, les dominos c'est un jeu de débile, on réfléchit pas. Son père joue aux dominos dans le bistrot du quartier. Il ne boit pas des demis comme les autres, seulement du café, sa mère dit qu'il boit trop de café, un jour il va tomber cardiaque. Il ne l'écoute pas, il continue à boire des cafés et des cafés.

Yacine n'a pas parlé de la photographie aux copains. La guerre d'Algérie, ils s'en foutent, même les Algériens. Si en plus il leur disait :

– C'est une photo de femme, comme une photo d'identité. La femme est assise contre un mur blanc, elle regarde le photographe par en dessous, un œil noir, méchant. Elle a mis tous ses bijoux, des bijoux berbères de la montagne, ma grand-mère, les jours de fête, sort tous les bijoux qu'elle cache dans une boîte à biscuits, c'est les mêmes, ils sont vieux, des colliers en argent avec des perles de corail et des pièces trouées, j'ai remarqué la semeuse sur des pièces de un franc, de quelle époque ? autour du cou, elle a des mains de Fatma et la clé de la maison, au bout d'une chaîne. La femme de la photographie ressemble à ma mère, quand elle s'habille avec des robes à fleurs, longues, serrées à la taille par une ceinture de laine. Ma mère aussi a des cheveux longs, noirs, tressés. Le foulard de la femme est noué sur le front, ma mère ne met plus de foulard comme les vieilles, elle s'habille à la française, sauf pour les fêtes dans la maison... En plus, la femme berbère – c'est sûr qu'elle est berbère comme ma mère et ma grand-mère —, est tatouée au front. Pas les mêmes dessins que ceux de la mère de ma mère, des traits bleus, des petites croix disposées sur une ligne verticale au milieu du front. Le col de la robe est fermé avec une épingle de nourrice…

S'il avait pu raconter tout ça à ses copains… Mais ils l'auraient interrompu avant la fin, ils auraient dit, tous à la fois :

– Qu'est-ce que tu nous fais ? Tu délires ou quoi… Qu'est-ce qu'on en a à cirer, de ta bonne femme de la montagne…

Il n'a rien dit.

L'homme s'est levé à la fin de la partie. Yacine l'a suivi jusqu'à la Librairie des Deux Rives.

Ils sont debout contre la vitrine, côte à côte. Ils regardent la photographie de la femme berbère assise devant un mur blanc.

Yacine entre dans la librairie, il a les gestes d'un client fidèle. Il dit bonjour à la libraire, comme un habitué. Il a toujours fait rire les copains avec ses « plans », il a parié qu'on le verrait à la télé comme Smaïn, en mieux, naturellement… Dans quelques années. Ses copains le croient. Ils l'encouragent, un natif de la cité à la télé, un indigène… Ils seraient tous les invités de la star, à une émission de variétés… Ils y croient. Yacine dit : « Vous vous marrez, mais vous verrez… »

Pour l'instant… La libraire lui dit :

– Tu as froid ?

– Non.

– Tu peux regarder tout ce que tu veux. Tu as une chaise près du poêle…

Yacine se dirige vers l'album posé sur une table. Il voit une autre femme, plus jeune, assise contre le mur blanc. Ses cheveux noirs couvrent ses épaules enveloppées dans une mousseline blanche. Ses yeux sont noirs et doux. À son poignet gauche, elle a mis plusieurs bracelets d'argent. Il lit le nom du photographe. Marc Garanger. Un nom français. Il prend l'album, le feuillette, des visages de femmes, un visage par page, des jeunes, des vieilles, très vieilles. Il regarde la libraire. Il dit :

– La guerre d'Algérie ? Pourquoi que des femmes ? C'est bizarre ces photos, je trouve.

La libraire dit :

– Le photographe était soldat. Un jeune appelé en Algérie. On lui a demandé de photographier tous les habitants des villages, pour établir des cartes d'identité. C'était en 1960. Il a pris deux mille photos. Je le connais, c'est un ami.

– Il est pas mort à la guerre ?

– Non.

L'homme est encore debout contre la vitrine de la librairie. La libraire dit :

– Tu le connais ?

– Non.

– Il s'arrête presque tous les jours, et il regarde les photos de la vitrine. Je voulais les changer…

Yacine interrompt la libraire :

– Oh ! non… Ne les changez pas, pas tout de suite.

– Elles sont là depuis longtemps…

– Ne les changez pas, pas encore.

– Ça t'intéresse, la guerre d'Algérie ?

– Je sais pas. Oui… non… mon père me dit rien. Quand je lui demande, il répond pas, il continue à regarder son polar préféré, *Commissaire Navarro*. Je lui pose plus de questions.

La porte de la librairie s'ouvre. L'homme rentre, il dit :

– Bonjour, madame.

– Bonjour.

L'homme tend la main vers l'album que Yacine feuillette encore. La libraire dit :

– Vous voulez le voir ? J'en ai un autre.

L'homme, comme s'il prenait peur, dit :

– Non, non… je veux pas, non…

Il est debout, contre la table, il tremble. La libraire se dirige vers un rayon d'où elle rapporte un autre album qu'elle tend à l'homme. Il ne le prend pas, continue à trembler. Yacine a peur qu'il se mette à crier. Il a déjà assisté à une scène semblable, un jour où son père a rencontré un cousin qu'il n'avait pas revu depuis longtemps. Ils s'étaient parlé à voix basse, comme des ennemis qui se retrouvent par hasard, et tout à coup, le cousin s'est mis à hurler, il s'est débattu, comme si des policiers cherchaient à le maîtriser, son père a essayé de le calmer, les hurlements ont attiré les enfants d'abord, puis les femmes, enfin les flics de la cité, les cris ont cessé brutalement, et le cousin s'est remis à marcher avec le père, jusqu'à la maison où la mère a servi le café.

Si l'homme se met à crier, s'il renverse les tables... Il est peut-être fou.

Il s'approche de la libraire, il ne tremble plus. Elle dit :

– Ça va mieux ?

– Ça va, merci, madame, ça va, ça va...

Il se tait, puis il répète :

– Ça va, ça va... Ne vous inquiétez pas. Ça va très bien... Le photographe français vous le connaissez ? Il est vivant ?

– Il est vivant, oui. Il n'est pas mort à la guerre. Pourquoi vous me demandez ça ?

L'homme se remet à trembler.

Yacine vient vers lui, le prend doucement par

le bras, l'entraîne jusqu'au poêle où la libraire a placé une chaise. L'homme s'assoit, il tremble moins, il s'affaisse, comme épuisé. La libraire sert les clients, qui ne remarquent pas l'homme, au fond de la librairie. Yacine est près de lui, contre l'escalier intérieur qui mène à l'étage. Il ne part pas. Il attend. L'homme n'a pas enlevé sa toque en faux astrakan. Il ne tremble plus. Il se met à parler, lentement :

– Ce photographe français, je le cherche depuis des années. C'est lui que je cherche, je suis allé partout en France, je ne l'ai pas trouvé. J'ai pensé qu'il n'était pas revenu de là-bas, qu'on l'avait rapatrié en cercueil, parce qu'il était mort dans une embuscade et même si son corps avait disparu, on aurait envoyé son cercueil à la famille, personne n'aurait pensé à vérifier. Cet homme, s'il n'est pas mort, je le tue. Je le cherche pour le tuer…

L'homme ne parle à personne. Yacine l'écoute. La libraire fait son travail, regarde de temps en temps vers le poêle sans trop s'inquiéter. L'homme a l'air calme. Il ne parle pas fort. Elle n'entend pas ce qu'il dit.

Yacine ne l'interrompt pas, ne lui pose pas de questions, il se tairait peut-être comme le fait son père. Il s'est assis sur la dernière marche en bois du petit escalier.

L'homme poursuit :

– Le photographe français, il était soldat, il a volé l'esprit de ma mère avec la photographie. Si tu prends l'image, tu prends l'âme et il reste seulement le corps, le visage, ils sont vides… Tu comprends ?

L'homme lève les yeux vers l'enfant assis au fond de la librairie. Yacine n'est pas certain qu'il s'adresse à lui, il ne répond pas. L'homme répète :

– Tu comprends ça ?

– Oui… Enfin, non, pas vraiment…

L'homme le regarde, étonné :

– Tu viens d'où ? Tu es le fils de qui ?

– Cité des Oliviers, banlieue nord, une demi-heure par le RER jusqu'à Nation. Mon père… c'est un Algérien. Il vient de Bordj Okriss, je sais pas où c'est, il m'a jamais dit, j'ai regardé une carte de géographie, j'ai pas trouvé. Il travaille à l'usine. L'usine, je sais où elle est. Mon père m'a emmené quand j'étais petit. J'irai pas à l'usine…

L'homme n'écoute plus Yacine. Il dit :

– Fais attention, tu ne le sais pas, personne ne t'a appris. L'image, le Prophète a interdit l'image, il faut aimer Dieu, pas son image, tu comprends. Si on veut te photographier, tu dis non. Dans les banlieues, il faut chasser les journalistes et les photographes de la télévision, ils nous prennent tout, tu comprends, tout. Si tu voles l'image, tu détruis la personne, fais attention, ils te tueront, pas avec le fusil, avec la caméra… Je dis la vérité. Je sais que tu ne me crois pas, mais je dis la vérité. Le photographe français, le soldat, il a volé la raison de ma mère, elle est devenue folle. Si je le trouve, je le tue.

La libraire, qui a entendu la dernière phrase, regarde l'homme, puis Yacine qui lui fait un signe discret de la main gauche, pour la rassurer. Elle se penche vers l'album qu'elle a ouvert, elle feuillette les photos d'identité des femmes des Hauts-Plateaux.

Yacine n'a pas bougé. Il fait chaud près du vieux poêle. L'homme poursuit :

– Quand ma mère est devenue folle, ma grand-mère répétait que l'œil de fer avait donné le mauvais œil à sa fille. Un jour, elle m'a fait venir dans sa chambre, il faisait sombre, elle avait fermé la porte sur la cour. Je me suis assis sur un petit banc en bois que mon grand-père avait fabriqué pour moi, elle s'est approchée, elle sentait la fleur d'oranger, ma mère aussi, je la voyais à peine, elle a pris ma main dans les siennes, passées au henné – le henné rend la peau douce —, elle m'a dit :

– Écoute, mon petit, écoute-moi bien. Je suis vieille, mais je n'ai pas perdu la tête, écoute ce que je vais te dire. Tu te rappelles le jour où les soldats étrangers sont arrivés dans le village, maudit soit ce jour… Tu es allé avec ta petite sœur jusqu'au chemin de terre, pour voir passer les camions, des camions et des camions, tu les as peut-être comptés, tu savais compter, personne ne pouvait dire d'où ils venaient, ni où ils allaient. Les chemins autour du village ne sont pas faits pour des camions militaires, jusqu'à ce jour on avait vu seulement des chevaux, des mulets et des ânes, des charrettes et nous, les paysans. Ils ont occupé les chemins et les sentiers et les champs et les fermes. Ils étaient partout, pour quoi faire ? Ils nous ont chassés de nos maisons, de nos fermes, de nos terres, ils nous ont déplacés sous la menace des armes, dans des villages qu'ils avaient construits en vitesse, des maisons qui n'étaient pas des maisons, avec des rues droites qui ne conduisaient nulle part, toutes les familles ont abandonné les bêtes, les champs, la maison des ancêtres, l'arbre et le cheval… Ils disaient que c'était pour nous protéger, ils assuraient notre sécurité… Quels ennemis nous menaçaient ? Avant les militaires français, personne n'avait vu de soldats, jamais, pas un seul. Ton père était déjà parti, on disait qu'il avait pris le maquis, même ta mère ne savait rien, on ne l'a pas encore revu. Il reviendra peut-être dans la ferme abandonnée. Il saura nous retrouver. Tu n'as pas oublié ton père ?

– Non… J'irai avec lui, quand je serai grand…

Ma grand-mère a serré ma main qu'elle tenait toujours :

– Tu as sept ans. Dans dix ans… Si c'est la guerre, encore, si Dieu nous a protégés – c'est Dieu seul qui nous protège —, tu prendras le maquis, comme ton père…

– Je peux avant dix ans…

– On verra. Écoute-moi encore, sois patient, tu dois m'écouter. Dans ce village – maudit soit-il, à la libération, nous le détruirons pierre après pierre… —, des soldats sont venus pour nous surveiller, ils ont fait des papiers pour nous contrôler, hommes et femmes. Un matin, ils ont obligé les femmes, jeunes et vieilles à quitter les maisons, et, sur la place, le soldat photographe s'est mis au travail. Le chef a ordonné aux femmes d'enlever leurs foulards, les vieilles n'ont pas voulu, il n'a pas insisté. Elles avaient mis leurs bijoux, les mains de Fatma, la clé de la maison autour du cou, comme si on allait les déplacer encore une fois, encore plus loin. Elles ne comprenaient pas ce qui se passait, moi j'ai compris après, quand la tête de ta mère s'est vidée. Ta mère était belle, la plus belle femme du village. Elle s'était cachée, mais les soldats l'ont trouvée, ils ne l'ont pas battue, mais ils l'ont traînée jusqu'au banc contre le mur blanc…

J'ai interrompu ma grand-mère :

– Et les hommes du village ? Ils n'ont rien fait ?

– Les hommes… les hommes… Il restait les vieillards, les malades, les pauvres d'esprit. Les autres avaient quitté le village, pour où, on ne savait pas trop. Ils n'étaient pas tous au maquis… Le soldat photographe a fait son travail. Il n'était pas méchant, il n'était pas armé, il n'a pas tué les femmes, il était très jeune, les voisines m'ont raconté, un grand jeune homme blond avec cet œil en fer devant ses yeux. Ta mère n'a rien dit. Depuis ce jour elle n'a plus parlé, il lui manque un peu de sel, comme on dit… Voilà pourquoi tu vas aller dans le camp des soldats français, tu parleras avec eux, ils ne se méfient pas des enfants, tu iras un peu chaque jour, s'ils veulent t'apprendre à lire et à écrire leur langue, ne dis pas non, apprends ; s'ils te donnent des tickets pour des rations de blé ne dis pas non, prends-les ; s'ils te demandent de les aider à soigner les chevaux, ne dis pas non, tu reconnaîtras peut-être les chevaux de la famille, tu sais, la jument blanche et son poulain tout noir… Celle-là, je ne sais pas ce qu'elle a fait pour avoir un petit noir comme l'enfer… Que Dieu lui pardonne… Cherche le soldat photographe, prends son appareil, n'hésite pas, sois malin et prudent, et donne-le-moi, je sais ce que j'en ferai...

Ma grand-mère s'est levée, elle m'a embrassé sur le front, elle m'a dit :

– Maintenant, va.

Je suis allé tous les jours au casernement des soldats français. J'ai obéi à ma grand-mère. J'ai appris à lire et à écrire la langue étrangère, j'ai accepté les tickets pour le blé, j'ai soigné les chevaux, mais la jument blanche et son poulain noir n'étaient pas dans l'écurie militaire, j'ai parlé avec les soldats dans leurs chambrées, j'ai écouté l'écrivain public et je sais encore aujourd'hui les lettres qu'il écrivait aux familles dispersées dans le pays et de l'autre côté de la mer. J'ai demandé le soldat photographe, il était en permission. J'ai attendu, il n'est pas revenu, je ne l'ai pas revu. Notre village a été rasé, il a fallu rester dans le village de regroupement, ma mère habitait toujours la maison du palmier, c'est ce qu'on dit, chez nous, pour parler d'un fou ou d'une folle, le palmier est près du ciel, son esprit s'est envolé... Je n'ai pas revu mon père. Ma mère était la veuve d'un martyr, elle ne l'a pas su. Ma grand-mère a touché la pension, à la libération. Moi, je suis parti pour gagner mon pain. Et je suis là, je te raconte cette histoire, je ne suis pas sûr que tu m'écoutes, mais tu sais ce que je veux, tu sais tout maintenant. Je n'ai pas eu de nouvelles du pays depuis des années, je ne veux rien savoir. Ma grand-mère est morte, je pense, ma mère je ne sais pas, ma sœur est restée là-bas, je n'ai pas donné mon adresse. Quand j'aurai trouvé le photographe, il est vivant, c'est possible, je le tuerai ; ce jour-là j'enverrai une lettre à ma sœur au village, si elle ne l'a pas quitté, ce jour-là ma tête ne sera plus vide, et l'esprit de ma mère reviendra habiter son corps.

L'homme ne parle plus. Yacine regarde ses mains de paysan posées sur le jean usé. Il ne dit rien. La libraire a laissé l'album sur la table, au milieu de la librairie, elle sert un père et son fils qui cherchent des livres sur la guerre. Elle n'a pas proposé l'album des femmes algériennes.

L'homme se lève, lentement. Il n'est pas vieux, mais il marche comme un homme épuisé. Il se dirige vers la table centrale. Il prend l'album, l'ouvre, tourne les pages d'un geste précis et calme. Il le feuillette avec attention plusieurs fois, puis il s'arrête à un portrait de jeune femme, celui que Yacine regardait dans la vitrine.

Il arrache la page, soigneusement.

Il regarde la femme une dernière fois, il plie la page en deux, quatre, seize… et déchire le portrait, suivant les pliures, jusqu'au plus petit carré. Il tient les morceaux dans sa main serrée.

Lorsqu'il arrive près du poêle, il soulève le couvercle avec le crochet en fer, jette les morceaux dans la flamme, les regarde brûler, sans se presser il referme le poêle, se retourne vers la libraire, il dit :

– Voilà, c'est fini. J'ai tué le soldat photographe et ma mère me reconnaîtra quand j'arriverai chez elle, au village. C'est fini. Au revoir, madame.

L'homme et l'enfant quittent ensemble la Librairie des Deux Rives.

Ils ne se parlent pas.

Ils marchent jusqu'au square.

La robe interdite

Il entre dans l'atelier, il n'est jamais arrivé si tôt, on s'inquiète, que se passe-t-il ? une commande oubliée, une facture impayée, des tissus qui n'ont pas été livrés ?… Le chef d'atelier, c'est une femme, austère et autoritaire au travail, tourmentée dans ses amours, on sait qu'elle aime une jeune première main qui travaille dans un atelier aussi prestigieux que le sien. Cette chef qu'on craint se lève, elle est belle et digne dans sa précipitation, va jusqu'à la porte que le couturier a poussée avec la brutalité d'un homme en colère, à qui on doit obéir :

– Cette robe, je veux qu'on en parle. Je veux qu'on la voie, de Sydney à Los Angeles… la plus belle de la collection, la plus belle de la saison, la plus belle de toutes celles que j'ai créées. Vous m'entendez ?

Il est allé partout, il a tout vu, musées, bibliothèques, collections publiques et privées d'un bout à l'autre du monde, les spécialistes, les chercheurs, les experts, pas un ne lui a donné la réponse. Des fausses pistes qu'il a suivies jusqu'au découragement.

Et puis un jour, béni soit ce jour, au milieu des objets les plus ordinaires, jetés sur la trame d'un tapis encore un peu persan, un livre en morceaux, les pages éparses et déchiquetées, tachées par endroits, jaune d'œuf et piment rouge. Il se penche vers les feuilles maculées. Le marchand bavarde. C'est le jour de la palabre, sur la place de la petite ville où peu d'étrangers s'aventurent, après les massacres des derniers mois. Il est fou de se promener ainsi, un étranger seul, sans guide ni protecteur. S'il disparaît, on ne le saura pas. Il ne s'est pas déguisé en indigène, il n'est pas là pour tourner un film, il ne fait pas de cinéma, il ne cherche pas à être discret, il ne fait pas semblant de parler la langue du pays.

Il est étranger. On le sait. On le voit. Personne ne le regarde. Il n'étonne pas. Il se promène dans le marché, les enfants ne mendient pas, ils ne cherchent pas à le suivre, ils restent à distance, comme s'ils obéissaient à une consigne, ils attendent le spectacle de l'étranger inconnu qu'on abat. Le coup de couteau, le bruit de la balle à bout portant sera le signal. Les garçons, immobiles jusqu'à la tache de sang au sol, se mettent à courir en tous sens, ils hurlent la nouvelle partout dans la petite ville et alentour.

Personne n'a vu l'étranger. Personne ne peut raconter le meurtre, il n'y a pas eu de meurtre, il n'y avait pas d'étranger.

Il sait ce qu'il risque.

L'homme est chercheur d'or, collectionneur fou, archéologue heureux, en arrêt devant l'objet du désir. Ses mains tremblent, il s'accroupit comme font les hommes de ce pays, il fouille, il ne doit pas avoir l'air cupide de celui qui découvre un objet rare, le marchand va croire que ces pages dont personne ne veut sont inestimables, il voyage avec peu d'argent. Il se relève, il n'a rien trouvé, le marchand bavarde, toujours indifférent à l'étranger.

Il se penche à nouveau vers le trésor dérisoire, ses mains ne tremblent plus, il prend les pages volantes, il en compte sept, il les montre au marchand qui fait un signe de la main, il peut les prendre, elles ne valent rien, elles servent à envelopper la nourriture qu'il troque avec d'autres marchands. L'étranger lui donne un billet que le marchand met dans la poche de son gilet sans le regarder. Il continue à bavarder.

L'étranger quitte le marché à grands pas, tout à coup, il est un étranger, quelqu'un le poursuit, il a un couteau de boucher, il a vu les étals de plein air, les têtes sanglantes des bêtes égorgées se balancent aux crocs, il entend les mouches vertes, des essaims autour des cavités oculaires et des artères béantes, quelqu'un le poursuit avec un grand couteau, il se met à courir, il ne devrait pas, s'il court on pensera qu'il a volé, les garçons désœuvrés aux aguets, plus rapides que lui, vont l'arrêter au prochain étal de boucher, victime offerte.

Il ne court pas, il marche vite, les pages froissées dans la poche de sa veste noire à col Mao, il les sent, il les palpe, elles sont là, vieilles et sales, sublimes.

Il a à peine regardé les arabesques.

La porte claque. La première d'atelier n'a pas eu le temps de parler, de dire que la robe… Il est parti. On l'entend crier sur le palier :

– Divine ! Je la veux divine.

Elle chante dans son bain. Elle a oublié que l'entrevue a lieu dans deux heures. Elle a juste le temps. Est-ce qu'elle va lui plaire ? Est-ce qu'il va l'engager pour la saison ? Elle a gagné beaucoup d'argent. Deux ans, ça a duré deux ans, avec lui, capricieux, extravagant, despote. Elle a obéi. Il l'a choisie, il a dit qu'il ferait d'elle une star de la mode. Elle l'a cru, elle a eu raison et lui aussi. Partout des photos d'elle, à la une des magazines féminins, des journaux de mode, en poster sur les murs et dans le métro. Elle se voyait, reproduite à l'infini dans la ville, elle avait comme le vertige. Dans la rue, on l'arrêtait pour dire : « Tu vois, c'est elle, je te l'avais dit… Elle est belle, même en vrai. »

Il lui a imposé un agent, une secrétaire, un diététicien, une esthéticienne, un coiffeur, une masseuse, un professeur de danse… Elle a dit oui à tout. Son emploi du temps, c'est lui qui le décidait chaque jour, chaque minute, elle n'a jamais protesté. Épuisée, asphyxiée, heureuse. Pour la récompenser d'une conduite aussi exemplaire, il lui disait :

– On part. Je t'emmène. C'est une surprise, tu verras.

Elle l'a suivi sur les cinq continents.

– Tu es belle. Tu seras encore plus belle. La seule. L'unique. De Sydney à Los Angeles, on ne voit que toi, toujours toi. Et toi, c'est moi.

Elle disait :

– Oui. Moi, c'est toi. C'est vrai. Mais, est-ce que tu m'aimes ?

Il n'a jamais répondu, il ne lui a jamais dit :

« Je t'aime ». Seulement : « Tu es la plus belle. Je suis ta fée. »

Elle a gagné beaucoup d'argent. Sa mère n'a plus habité le F5 de l'HLM de son enfance. Ses frères se sont tués, les deux aînés ensemble, dans la Ferrari qu'elle avait achetée pour eux. Ses sœurs n'ont plus volé les tee-shirts à la mode dans les Carrefour de la banlieue.

C'était le loto.

Elle chante dans son bain. Un air que son père chantait le matin, avant le café. Très tôt, elle l'entendait, il se rasait pour l'usine, il aimait l'usine, jusqu'au licenciement. « La crise », a dit le patron, on lui a donné l'argent du retour, il est resté, triste comme un invalide, chômeur. La dépression, la folie, l'hôpital. Il ne sait pas que sa fille est devenue une star. Il ne la reconnaîtrait pas sur les photos, dans les journaux. Elle ne va pas le voir, sa mère oui.

Et puis, celui qui lui disait toujours : « Toi, c'est moi » est parti. Elle ne l'a plus revu, jusqu'au jour où elle a lu, dans un magazine, un article sur sa nouvelle muse, une jeune Black.

On les voyait ensemble, elle, très jeune, tournée vers lui, et lui le regard ailleurs.

Elle l'a attendu. Elle ne l'attend plus.

Dans deux heures, le couturier célèbre dira oui ou non. Elle met un vieux jean, un tee-shirt noir, le blouson de la cité, son premier blouson volé, celui qu'elle préfère, des bottines de luxe. Ses cheveux sont encore mouillés, longs et frisés, noirs comme il les aimait, maintenant c'est une Black au poil ras et crépu…

Assis, il la regarde s'avancer vers lui, le cou serré dans sa veste Mao noire. Il mettra de l'or dans ses cheveux. Cette fille vaut de l'or. Il la couvrira d'arabesques brodées au fil d'or. C'est elle. Elle sera la plus belle, de Los Angeles à Sydney.

La première d'atelier surveille les brodeuses – « des brodeuses du paradis », a dit le couturier. Elles suivent les lettres du calligraphe, recopiées au calame sur un carton. La robe noire brille d'arabesques savantes, inconnues, étrangement belles, comme ensorcelées, disent entre elles les brodeuses les plus habiles. Le couturier suit les lettres qui s'inscrivent sur le noir du tissu, depuis la première jusqu'à la dernière. Il vérifie les vieux papiers déchirés qu'il compare au carton calligraphié. Pointilleux, exigeant, il n'a pas quitté l'atelier depuis une semaine, le jour, la nuit, il est là. Il dort près de la robe, gardien des fils d'or et des lettres sacrées. Il est comme fou.

Elle regarde la robe. Éblouie.

L'or des arabesques, c'est l'or des lettres imprimées sur le poster géant que sa mère a affiché au-dessus du buffet, dans la salle à manger, en face de la télévision. Elle ne sait pas les lire, elle n'a pas demandé ce que racontent les lettres, des versets du Coran, lui a dit sa mère, analphabète. Elle reconnaît le mot qui revient le plus souvent, les traits verticaux au début, la lettre sinueuse à la fin. Elle ne dit rien, on ne la croirait pas. Le couturier répète que les lignes sur la robe sont les vers anciens d'un poème oublié qu'il a découvert, dans un pays lointain. Les vers cachent un secret que personne, paraît-il, ne saura jamais déchiffrer.

La robe est une œuvre d'art, un trésor.

Ils ont perdu la raison. Manifester ainsi, debout dans la salle, applaudir, crier, applaudir… Un défilé de mode n'est pas un concert populaire. On réclame la robe sept fois. Les règles de la cérémonie, personne n'oserait les rappeler. Combien de minutes de délire ?

Elle est debout, au milieu de la scène.

Seule.

Divine.

Soudain, comme une tempête, des grondements de colère, puis les cris d'une seule voix noire, diabolique. Des hommes arrivent en courant, serrés les uns contre les autres, ils sautent sur la scène, rapides, et cernent la robe. Vautours qui battent des ailes en sautillant.

Ils s'éparpillent aussi vite qu'ils ont occupé la scène, et disparaissent.

Silence.

Sur l'estrade illuminée, la fille est nue.

Couchés dans les maïs

Un homme dit : « Les plus belles années de ma vie, elles sont là, dans la poussière de l'explosion. »

Ils sont couchés dans les maïs. Ils n'entendent rien, ils ne voient rien. Ils sont jeunes. Les maïs les protègent.

On a annoncé l'opération par voie de presse. La télévision, la radio répètent l'information, les mots reviennent, obstinés, et si une phrase s'est perdue d'une pièce à l'autre, on la reconstitue entre la cuisine et le balcon. On entend : « démolition… problèmes… zone… parc locatif… dépeuplement… cité… vétusté… démolition… explosifs… quartier… dix tours… » On comprend que des tours murées depuis des mois vont être détruites. C'est simple.

Elle a quitté la tour pour une autre tour. Quand son mari est venu la chercher au village, elle a dit oui tout de suite. Toutes ces années dans la maison qui ne sera jamais la sienne. Elle a su dès le premier jour que la mère de son mari ne l'aimerait pas. Elle ne l'a pas maltraitée, elle l'a ignorée, comme si elle n'était pas la mère des enfants de son fils aîné. La belle-mère a intrigué pour la séparer des garçons, pour les envoyer là-bas avec le père, elle n'était pas digne d'élever des fils, les filles, c'est moins grave, elles resteraient avec la mère. Dans les deux chambres de la maison qui n'est pas sa maison, elle a attendu le jour où son mari la délivrerait de la persécution tacite, sournoise. Elle est partie avec les enfants, la belle-mère a pleuré, elle voulait rejoindre son fils aîné dans l'autre pays. La vieille est restée dans sa maison.

Là-bas, son mari lui a expliqué qu'il fallait attendre pour une vraie maison, il appelait la maison « un F5 en HLM », il l'a dit dans la langue étrangère, avec son accent de la montagne. Chaque fois, ça la faisait rire. Elle disait d'un seul coup : « *Effcinqenachélème.* »

Elle a eu sa maison dans la tour.

Après la cité de transit, un appartement de cinq pièces, cuisine, salle de bains, toilettes séparées, balcon, quatre chambres et un salon-salle à manger… La maison du village, la belle-mère pouvait y crever. Elle crèverait seule. Jamais elle ne reviendrait là-bas.

Elle a élevé sept enfants dans la maison de la tour, dans sa maison. Libre et heureuse, enfin, de la cuisine au balcon, c'est elle qui décide. Son mari la laisse faire et tout va bien. Tout... presque tout. C'est sa fille, celle que la belle-mère a voulu élever, elle lui aurait volé sa fille, si elle n'avait pas été vigilante... Sa fille, c'est son chagrin secret. Elle n'en parle pas à son mari. Il travaille dehors. La maison, c'est elle. Sa fille ne marche pas droit. Sa fille ne l'écoute pas. Sa fille est une dévergondée, c'est sa honte, et si un jour il arrive malheur... Elle ne veut pas y penser.

Depuis peu, la famille habite une nouvelle tour, dans une autre cité. La tour va exploser. Elle ne veut pas voir sa première maison réduite en poussière, comme si elle était morte elle-même, et déjà poussière. Elle restera dans sa chambre, les volets clos.

Couchés dans les maïs, ils sont tranquilles. On ne pense pas à les surveiller. La fille n'a pas peur. Les maïs la protègent.

Les voisins ne sont plus des voisins. Dispersés dans les cités aux environs, depuis l'abandon des tours, ils se sont rendu visite les premiers mois, mais il fallait prendre plusieurs bus, attendre longtemps. L'hiver est passé, avec le printemps l'oubli est venu, les voisins ont perdu les anciens voisins, petit à petit, ils font connaissance dans la nouvelle cité. Avec l'explosion, ils vont se retrouver, pour assister ensemble à la destruction des tours murées. Ils ne savent plus qu'ils ont vécu là des années et des années. Ils n'y pensent pas, mais ce matin, à l'aube, ils se préparent à la catastrophe en direct, pas une vraie catastrophe, il n'y aura pas de morts, juste du béton et du métal, du verre et de la poussière, les tours qui s'écrasent au sol dans un fracas d'orage. Ils verront tout, pas seulement des images comme les autres à la télé, ça va passer le soir même au journal, mais eux les premiers spectateurs, c'est leur droit, ils les ont habitées ces tours, derrière les fenêtres bouchées avec des pierres et du plâtre, c'était chez eux. On leur a dit : « Vous serez les premiers, ne vous inquiétez pas, on vous avertira, sans faute. » Ils n'ont rien reçu, mais la radio, la télé, la presse, tout le monde en a parlé, c'était annoncé partout. Un événement extraordinaire, et eux, les héros, acteurs et spectateurs.

Dans la nouvelle maison, ils se préparent. Les enfants, petits et grands, le père, la mère, la famille… Les familles privilégiées qui ont habité les tours les premières, après les cités de transit ou les bidonvilles, elles auront les meilleures places. Levées avant le soleil, habillées pour la fête, nourries royalement, elles se pressent vers l'esplanade réservée, gardée par la police pour elles, les familles prioritaires.

Ils sont partis, le père et les enfants. Dans la chambre des filles, la mère n'a pas vu sa fille aînée, ni à la table du petit déjeuner. Elle s'est levée plus tôt, pour aller garder des places au premier rang, elle est déjà là-bas. Sa fille est une bonne fille, grâce à elle, ils verront tout, et elle qui croit la rumeur de la cité, du trottoir et des escaliers, cette rumeur qui raconte que sa fille prend le mauvais chemin, elle n'écoutera plus les voisines, leurs histoires sur les filles de la cité, elles les surveillent depuis le bac à sable, les fenêtres de la tour, le parking du centre commercial, elles savent tout et elles parlent. Elle ne veut plus entendre les voisines entre elles au marché, chez l'épicier, à la porte de l'école. Sa fille n'est pas comme ces filles qui courent les garçons dans la cité.

Couchés dans les maïs, personne ne les voit, ils s'embrassent. Les tours sont encore debout, vagues fantômes.

La mère est assise au bout de la table, dans la cuisine. Seule. L'odeur du café au lait froid, l'odeur du tabac gris du père l'écœurent. Le formica maculé, la confiture collée aux bols, le pain trempé à moitié mangé. Les peaux d'oranges au milieu des biscuits entamés… elle regarde le désordre du petit déjeuner familial, le désastre du dimanche matin. D'habitude, elle ne s'assoit pas, elle renvoie tout le monde, mari, enfants, grands et petits. Seule dans la cuisine, elle range, lave, essuie, nettoie avant sa tasse de café, tranquille.

Ce matin-là, la mère est seule, elle regarde au loin. Des nuages. Il ne pleuvra pas. L'explosion aura lieu. Elle se lève, s'en remet à Dieu, ses douleurs lombaires la fatiguent. Elle laisse le désordre au désordre du matin. Dans sa chambre, elle baisse le volet extérieur, tire les lourds rideaux des deux côtés de la fenêtre, s'allonge sur le couvre-lit molletonné. Elle ferme les yeux. Elle pense à sa fille aînée. Est-ce qu'elle est injuste ? Si elle se trompait.

Le père et les enfants ont les meilleures places, à côté des voisins des vieilles tours. Ils bavardent. Le fils va filmer l'explosion, il a emprunté une caméra, il est sûr de vendre son film à une chaîne de télévision étrangère, il paraît que la France est exemplaire pour faire sauter les tours, c'est ce qu'on dit, il va devenir riche. Les télévisions, protégées par la police, occupent les buttes autour du terrain vague, comme des postes de combat interdits aux premiers habitants qui font le siège autour des techniciens affairés, cherchant l'angle idéal pour être à l'image. Les équipes vont filmer les murs qui sautent et ceux qui les regardent, et eux, ce soir, avec les voisins dans le salon, le magnétoscope en marche, ils sauront qu'ils étaient là, ce jour fameux, les premiers pour un spectacle grandiose, une catastrophe pacifique, ce jour où quinze, vingt, vingt-cinq années de vie se sont éparpillées dans les champs de maïs autour.

Dans le désordre, les familles s'installent. Ce sera long. Les artificiers se préparent. Des hommes les entourent, suivent leurs gestes, parlent entre eux, chuchotent, racontent à voix basse des exploits peu glorieux dont ils tirent gloire ce jour-là, les grottes qui explosent dans les djebels, dans ce pays où la guerre recommence, mais cette fois, ils se font sauter entre eux. Ils étaient jeunes, ceux qui ne sont pas morts dans des embuscades sont revenus, on les a logés dans les tours, pas tous, ils ont retrouvé des familles de là-bas, des voisins de ce pays qu'ils n'ont pas aimé parce que c'était la guerre, des voisins qu'ils ont ignorés, ils n'allaient pas parler à ceux qui avaient tué les copains, ils ne se sont pas demandé si le fils ou le frère des voisins étrangers n'avaient pas disparu dans les camps ou au cours des rafles régulières qu'ils avaient pu mener dans les régions qui devenaient zone interdite.

Les kilos d'explosifs augmentent avec les heures, trois cents, six cents, neuf cents, mille, le temps de la destruction diminue, les tours seront réduites en soixante secondes, puis trente, puis dix, il faut des records : en kilos le plus possible, en secondes, le moins possible. On calcule. On argumente, on spécule, on parie. Ce sera beau.

Des femmes entre elles, sur la pelouse rase et sèche, assises sur des pliants, tricotent, raccommodent, bavardent. Elles étaient jeunes, elles ont eu des enfants dans ces tours. Des journalistes les interrogent, pourquoi elles ? elles sont là pour voir, c'est tout, elles n'ont rien à dire, des tours c'est des tours, qu'est-ce qu'elles pourraient raconter ? un jour après l'autre, des petites histoires, les rodéos des voyous c'était pas dans leurs cités, qu'est-ce qu'ils veulent savoir ? c'est pour le journal local ? pour la télé ? quelle chaîne ?... Elles ne parleront pas, après ils disent n'importe quoi, quand ça passe. Leur vie, c'est à elles. Elles sont là comme les autres, qu'on les laisse tranquilles.

Dans les maïs, ils se sont endormis.

La mère, dans sa chambre, est allongée, les yeux fermés. Son pays, elle ne l'a pas oublié. C'est lui qui l'oublie, son pays devient fou.

Si elle était restée, ses fils auraient combattu des frères, aujourd'hui, là-bas, les frères tuent les frères. Alors des tours qu'on fait sauter, ce n'est pas une tragédie. Pourquoi elle pleure, couchée dans le noir, seule dans sa maison désertée ? Ses fils n'iront pas en service commandé abattre le frère, ou l'égorger. Sa fille la fait pleurer, comme les tours de l'enfance, pas la sienne, l'enfance de sa fille. Elle l'aimait et maintenant elle ne sait plus. Ces tours vont exploser, sa fille assiste au spectacle comme les autres, elle ne s'inquiète pas de ces années qui vont éclater, se disperser, disparaître dans le ciel bas et les terrains vagues tout autour, jusqu'aux champs de maïs. Ce soir, elle ne regardera pas le journal, elle ne veut pas voir les images du chaos, c'est le chaos, ces tours qu'on crève, même si elles sont vides, c'est comme si elle vivait encore avec les enfants petits, dans sa première maison, la plus belle, celle qu'elle a aimée. Elle ne sortira pas de la chambre. Elle ne préparera pas le dîner, elle fera semblant de dormir.

Elle a entendu l'explosion, assourdie par la distance.

Les cris des enfants la réveillent. Ils se précipitent dans la chambre, les petits sautent sur le lit, s'assoient contre elle pour raconter. Ils parlent tous à la fois. Ils ont eu peur, c'était mieux qu'au cinéma. Les pompiers avaient tout prévu, mais ils n'ont pas vu de flammes, il manquait le feu. Ils auraient voulu un incendie en plus. Mais c'était bien. Ils sont contents. Ils attendent le journal pour voir encore. Le frère aîné a filmé en vidéo ; ce soir ils enregistrent le reportage de la télé.

Les enfants insistent. La mère cède.

C'est l'heure du journal. Dans le salon, la famille, les voisins, les cousins, ils sont tous là. La fille va arriver. Il fait nuit. Elle a dû passer à la bibliothèque, à côté du lycée, elle revient toujours de la bibliothèque, le soir, c'est ce qu'elle dit à sa mère si elle est en retard. Ce soir elle n'est pas encore là.

On entend d'abord le bruit de l'explosion puis on voit des images, des images, des images, la mère ouvre les yeux. C'est la dernière : un plan fixe sur un garçon et une fille couchés dans les maïs. Le journal se poursuit.

Vierge folle, vierge sage

Les deux dernières, des jumelles.

Lorsqu'on lui a appris qu'elle avait deux enfants à la fois, après les cinq déjà là, cinq garçons, la fierté du père, lorsque le médecin a dit : « Cette fois, c'est deux... », elle a presque crié : « Ah ! non ! Pas deux. Une, c'est bien, deux, non ! » Le médecin a répété :

– C'est deux. C'est comme ça. Deux filles.

– Une fille, oui. Après les cinq fils de mon mari, je voulais une fille, pour moi. Pas deux filles... une. Qu'est-ce qu'on peut faire ?

– Maintenant, rien. C'est trop tard. Il n'y a rien à faire. Et surtout, pas de folie. Je sais qu'il existe encore de ces femmes... Elles veulent la mort des mères et des enfants, pas seulement l'argent... Pas de folie, madame M. Vous m'entendez ? Vous ne m'écoutez pas. Vous vouliez une fille, vous en aurez deux d'un coup, les dernières… Après, vous pensez un peu à vous, si vous pouvez. Vous savez coudre ? Vous verrez, les mêmes modèles avec des tissus différents, ou le même tissu et des modèles différents, vous vous amuserez avec elles, madame M., croyez-moi. Plusieurs de mes patientes ont eu des jumelles ou des jumeaux, maintenant je les rencontre, elles disent que, finalement, c'est bizarre, mais ça leur plaît. Vous aussi, vous direz comme elles, quand je vous verrai en traversant le square, pour aller à mon cabinet. Vous allez toujours au square ?

– Le petit est grand, il va à la grande école, le square, c'est fini.

– Vous y reviendrez avec vos jumelles, tout le monde voudra les toucher…

– Pourquoi ?

– Parce que c'est un peu sacré, je crois.

– Moi, j'ai peur d'une fille, deux fois la même. Si ça marche pas avec elle, ça marchera pas avec l'autre. Une fille, je sais ce qu'il faut faire, deux filles en même temps, c'est comme le diable, le diable tu crois qu'il est là, et il est là-bas en même temps, tu dis je suis folle, je suis malade, je vois deux où il y a un. Chez moi, dans mon village, on n'aime pas les jumeaux. Une femme, elle était pas de la famille, elle a eu deux garçons, l'un c'était l'autre, même la mère savait pas, ils faisaient des coups, des mauvais coups, pas au village, plus loin, ils trompaient tout le monde, le père, la mère, les gendarmes. Ils sont allés au maquis tous les deux, inséparables et courageux, paraît-il. Quand l'un est mort, l'autre est revenu dans la maison du père. C'est lui qui l'a enterré là où il était tombé, il a creusé la fosse sur la colline, sous un olivier, tout seul. Le chef du commando a dit : « Tu attends. Les soldats nous tirent dessus, tout à l'heure quand ils seront partis. On se planque, ne fais pas l'idiot. Ton frère risque plus rien, nous oui, on n'a pas besoin de ça, alors tu iras avec nous derrière les roches. » Il a refusé de suivre le chef. Il n'avait rien pour creuser la terre. Il s'est assis près de son frère, contre l'olivier. Au bout d'un moment, il a pris un caillou pointu et il a fait un trou assez grand pour le grand corps du frère. Les autres sont venus prier avec lui, le chef a dit la prière des morts, ils l'ont répétée et lui a continué toute la nuit. À l'aube, il avait disparu… » La mère a retrouvé son fils, l'autre était mort, c'était un autre, pas son fils. Elle disait que le vivant, celui qui était revenu, celui-là, elle était sûre, c'était son fils à elle. Elle l'a aimé comme un fils, mais après la mort du frère il n'a plus parlé. Il travaillait aux champs et aux bêtes, avec le père, mais plus un seul mot. Il était comme un enfant, muet… Alors moi, des jumelles, si c'est comme ça, j'en veux pas, vous comprenez ?

—Mais, madame M., vous avez des filles, pas des garçons, elles n'iront pas à la guerre, ne vous inquiétez pas… la guerre c'est fini, et les filles chez vous et chez nous ne sont pas des soldats. Vous n'avez rien à craindre.

Les frères aînés ont à peine regardé les sœurs, une en deux. Avec les cris de deux nourrissonnes dans l'appartement, ils ne reviendraient pas souvent dormir chez eux. La mère voulait les appeler Aïsha et Fatima, ils ont dit que c'était des prénoms de vieilles, pas modernes, ici on n'était plus au bled, ils ont proposé Soraya et Yasmina. La mère n'a pas compris, les prénoms sacrés de l'épouse préférée du Prophète et de sa fille unique, des prénoms de vieilles, arriérés… ? Le plus jeune des frères a proposé : Dina et Dora, à l'école les filles de la cité voisine s'appellent : Nadia, Sonia, Mélissa… des filles arabes, naturellement, comme ses sœurs. Dina et Dora, il trouve que c'est joli et ça fait pas vieux, pas trop… Il n'a pas osé terminer sa phrase.

Il a sept ans de plus que les jumelles. C'est le grand frère.

À la visite, le médecin a dit à la mère :

– Vous voyez, elles sont belles, tout le monde les aime et elles ne sont pas pareilles.

– Elles ont changé depuis la naissance. Je

savais pas qui était Dina et qui était Dora. Les cheveux noirs, souples, pas frisés, c'est mieux.

Elle fait glisser son foulard. Ses cheveux sont noirs, abondants, deux belles tresses croisées sur la nuque.

– Elles ont mes cheveux. Les fils, ils sont frisés comme leur père, trop, je trouve, et ils ont la peau comme lui, pas blanche. Moi j'ai la peau blanche, je peux pas rester au soleil. Au village, je travaillais pas au jardin avec les autres femmes, mes sœurs m'appelaient « la princesse ». Je faisais le ménage, la laine, le tissage… J'étais pas une princesse… Mes filles ont la peau blanche. Le père a dit, en les voyant : « Elles sont belles, comme toi, blanches, les cheveux lisses. » Il était content, moi aussi, mais après les premières années, peu à peu, elles ont changé. J'ai pas remarqué tout de suite. Un jour, mon fils, le plus jeune, Tarik, m'a dit : « Imma, regarde. » « Quoi ? Qu'est-ce qui ne va pas ? » Mes filles s'amusaient dans le salon, sur le tapis près de la télévision. J'ai acheté un beau tapis à Barbès, c'est pas un tapis à la main comme au village chez nous, celui que j'ai tissé, je le garde roulé au fond de l'armoire dans la chambre où je fais la prière, c'est mon tapis… Le tapis du salon, je peux le laver et le brosser, avec les enfants… Ce qui plaît aux filles, c'est les grosses fleurs, moi aussi j'aime les fleurs, les coussins, le canapé, j'ai acheté avec des fleurs partout, le papier peint, les couleurs sont passées à cause de la lumière... Les enfants, je les ai élevés avec des fleurs, même mes robes et mes foulards, dans la maison, ils me voient toujours fleurie... » Elle rit. « Vous savez, je suis comme dans un jardin chez moi, des vraies fleurs, j'en ai pas. J'étais assise sur le canapé avec Tarik. Il a appelé ses sœurs qui jouaient à la poupée – il leur a fabriqué une poupée à chacune avec deux morceaux de bois rembourrés, il a peint le visage, j'ai donné des tissus à fleurs, des chutes, des roses rouges pour Dina, des jaunes pour Dora, les yeux de l'une sont noirs, l'autre a les yeux bleus. Elles ne se disputent pas. Elles obéissent à leur frère, il est gentil avec elles, il les aime toutes les deux, pareil, moi aussi. Debout contre mes genoux, elles se tenaient droites, un peu raides, parce que Tarik leur a dit : « Regardez bien maman, ne bougez pas, comme pour la photo à l'école. » J'ai dit : « Et alors ? Qu'est-ce qui se passe ? Pourquoi tu fais ça ? C'est pas des poupées, tes sœurs. » « Regarde, regarde bien, tu remarques rien ? C'est tes filles, tu les vois tous les jours, et tu vois rien... Vous, vous regardez Imma, droit dans les yeux. Et maintenant, une devinette : quelle est la couleur des yeux de tes filles ? »

Comme si c'était la première fois – elles ont déjà sept ans —, elle regarde, attentive, les yeux des jumelles. Dina et Dora, petites filles modèles fixent le visage maternel sans ciller. Depuis le premier jour, la mère reçoit partout où elle va des éloges et des éloges… Parfois elle pense « C'est trop. » Dans la poche de son manteau, elle ouvre sa main droite pour conjurer le mauvais œil – « Cinq sur toi », les cinq doigts de la main, pas la gauche, la droite, la bonne main, les cinq doigts serrés pour garder le bonheur. Et le médecin qui l'a suivie : « Vous voyez madame M., vous avez les plus belles petites filles et les plus sages. Vous devriez être fière. Vous vouliez une fille à vous, vous en avez deux, elles vous ressemblent, elles se ressemblent, et pour vous, tous les jours, le plaisir est multiplié par deux… Alors… » Elle fait semblant de ne pas écouter les compliments, trop, ça peut tuer. Elle ne dit rien. L'histoire du mauvais œil, c'est vrai, le médecin ne comprendra pas, elle ne saura pas lui expliquer, il vaut mieux se taire. Elle aime Dina, elle aime Dora.

Parfois elle a peur. Un bonheur qu'elle n'attendait pas. Un bonheur de sept ans, un bonheur deux fois plus heureux, avec elles, ses filles. Parce que ses fils… Tarik a déjà surpris sa mère, assise dans le fauteuil paternel face à la télévision allumée, le regard perdu, la main droite pressée sur son cœur, il ne se trompe pas, le cœur est à gauche, sa mère seule et muette, comme épuisée, si elle n'allait plus se relever... Elle ne sait pas qu'il la vue ainsi, prostrée, et souvent. Il n'a rien dit, mais il pense très vite que cette femme n'est pas sa mère, peut-être sa jumelle? son fantôme?... Il n'aime pas se dire que sa mère n'est pas sa mère, qu'elle est une autre... Elle lui aurait dit que dans ces moments-là elle conjure le malheur, parce que trop de bonheur qui dure, qu'est-ce que ça peut donner, forcément du malheur et plus fort... voilà pourquoi elle a peur.

Les sœurs sursautent à la voix de la mère, une voix altérée, brutale qu'elles ne connaissent pas. Elles regardent Tarik, inquiètes, lui surveille la mère, affolée par sa découverte. Elle regarde l'une, puis l'autre, tenant chacune par les épaules, durement, elle les place à nouveau l'une près de l'autre, si surprises qu'elles se laissent manipuler, dociles, patientes. La mère baisse les yeux vers les fleurs du tapis, elle parle à voix sourde, les enfants entendent la plainte sans comprendre :

– Mes filles, mes petites filles, lumières de mes yeux... Qui vous veut du mal, qui? Je le saurai, je connais tous les marabouts de la cité, du village, de la région. J'irai les trouver tous, même ceux qui se cachent, ils me diront la vérité ; je saurai, et alors, malheur à celle qui a fait le mal parce que c'est une femme, je le sais, une femme stérile qui a appelé le malheur sur mes filles… Mes filles, depuis sept ans je ne vois qu'elles, la nuit, le jour, qui peut dire qu'il les voit plus que leur mère, toujours là pour elles, avec elles, toujours là pour deux ?… Et je ne saurais pas la couleur de vos yeux ? Qui est assez fou pour prétendre qu'une mère oublie les yeux de ses filles ? Dina a les yeux noirs, brillants comme l'olive noire de mon village, Dora a les yeux gris comme les feuilles de l'olivier centenaire, argentées et palpitantes. Qui dira le contraire ? Qui sait mieux qu'une mère ?…

Elle vient de crier les derniers mots.

Dina et Dora s'éloignent du canapé. Elles s'assoient près de Tarik, dans le grand fauteuil de la télévision. Elles sont menues, elles se serrent l'une contre l'autre. Le désordre de la parole maternelle les terrorise, elles attendent, recroquevillées contre le velours, que le flux diminue, mais la lamentation ne cesse pas :

– En une nuit… une seule nuit, quel démon les a visitées ? Qui est entré dans leur chambre, sans que je l'entende ? Depuis sept ans, je me réveille, la nuit, au moindre bruit, un soupir plus fort que d'ordinaire, une toux soudaine, des mots confus sortis d'un rêve, un pied qui cogne contre un barreau du lit… Je suis debout et j'accours. Elles dorment, le même souffle, les mêmes gestes, je m'assois un moment et je les regarde. Elles n'ont jamais pleuré la nuit, jamais. Mon mari me dit : « Pourquoi tu veux les voir tout le temps, même la nuit ; elles pleurent pas, elles t'appellent pas, laisse-les tranquilles, toujours inquiète, elles dorment, elles n'ont pas besoin de toi, elles sont pas seules, elles sont deux, tu l'oublies. » « Justement, je surveille, j'ai peur toujours, je les écoute respirer, si ça s'arrêtait en même temps… Je surveille. » « Tu dis des bêtises. Elles dorment, viens te coucher. Tu seras fatiguée demain. » Je peux pas le croire. Ce qui arrive. En une nuit, une seule. Les yeux de Dora. La couleur de ses yeux… C'est elle qui a des yeux d'argent, si doux que j'ai toujours envie de les embrasser. Et voilà que Tarik me dit : « Imma, regarde. » Je regarde et je vois les yeux de Dora, un œil gris, un œil bleu… Ma fille est envoûtée… Les yeux de Dina sont noirs, les deux. Pourquoi Dora ? Qui lui a jeté un sort ? On lui veut du mal. On veut aussi du mal à Dina et à moi, sa mère… Un œil gris, un œil bleu.

La mère regarde ses filles, au fond du fauteuil trop grand. Tarik n'est plus là. Elles sont seules, comme abandonnées. Elle se lève, court vers elles, les prend dans ses bras ronds et vigoureux, les serre contre ses seins à fleurs, elle dit :

– Je suis là, vous ne risquez rien, votre mère vous protège, Dieu vous protège, Dieu ne punit pas des petites filles sages, obéissantes, serviables, bonnes à l'école… Dieu ne peut pas se tromper, Dieu est juste.

La mère trouve les mots tendres, les mots du soir avant le sommeil. Les jumelles, qui ont pleuré sans larmes, s'apaisent, dans les bras maternels, à la voix tutélaire.

Longtemps la mère a guetté les signes. L'œil bleu de Dora, le gauche, l'œil du mauvais chemin. Mais les années ont passé, rien n'a changé, Dora et Dina, une fille en deux, si on oubliait le bleu de l'œil gauche, studieuses, affectueuses, ensemble, toujours, et rien n'aurait pu les séparer. Dora écoutait les histoires qu'on racontait sur les enfants aux yeux bleus. Elle sourit à son œil dans le miroir, et si sa mère ne la surveillait pas comme elle le fait, inquiète dès que Dora ne ressemble pas à sa Dora, elle aurait tout à fait oublié ce qui se dit dans les murmures du bain ou du marché, lorsque sa mère rencontre d'autres femmes, elles bavardent… Soudain, Dora sent sur son œil bleu le regard insistant de la nouvelle arrivée.

Et puis, un jour… maudit soit ce jour… la vie est fille de chienne…

Comment la mère aurait-elle pu leur apprendre ? Elle sait compter, elle fait les courses pour la maison, les provisions, mais lire et écrire, non. Au village on arrivait à pied, ou à dos d'âne. L'eau, l'électricité, l'école, c'était pour les villages de la plaine et des vallées. La montagne, on l'a laissée aux bêtes sauvages et eux, ils n'ont rien eu. Les hommes ont abandonné les maisons, ils sont partis. Combien revenaient ? Combien envoyaient le mandat ? Ses frères sont allés à l'école coranique, la seule de la montagne, les filles n'allaient pas avec les garçons, elles n'ont rien appris. L'école française était trop loin, les filles n'avaient pas le droit de monter sur un âne, ils étaient réservés au marché, au labour et aux frères. Les femmes montraient du doigt une orpheline qui jouait avec les garçons, et montait comme eux les jambes écartées sur les ânes, c'est ainsi, disaient-elles, qu'elle avait perdu ce qu'une fille a de plus précieux, et jamais elle ne trouverait de mari, sinon le plus misérable du village… La mère n'est pas allée à l'école française, et voilà. Mais ses filles à elle, ses filles, la prunelle de ses yeux, premières à l'école de la France et premières à l'école coranique du quartier. Le maître est content, elles apprennent bien l'arabe et le Coran, meilleures que les garçons. Le soir à la maison, elles récitent ensemble, la mère les écoute, elle découvre des versets qu'elle ne connaissait pas.

À sept ans, elles ont fait un jour de ramadan, le premier. Elles prient avec la mère, chacune sur son tapis dans la chambre à coucher. L'une à gauche, Dora, l'autre à droite, Dina, elles prient toutes les trois. Après les ablutions, elles changent de robe, elles mettent un foulard et elles prient. Dora est la plus fervente. À douze ans, elle a jeûné jusqu'au bout, un mois entier. Dina a abandonné après une semaine. La mère s'est inquiétée, elle a conseillé à Dora de jeûner d'abord une semaine, puis deux ou trois l'année suivante. Elle devait penser au travail scolaire... Dora s'est obstinée, les bulletins que Tarik lisait à sa mère n'étaient pas moins bons. Dans la chambre, des livres, des livres partout, en français, en arabe, elle reconnaît les lettres de l'alphabet arabe, des dictionnaires, les livres les plus gros, les plus lourds. Dora lit tout le temps, le maître coranique dit qu'elle connaît le Coran par cœur, elle le lit à haute voix chaque soir à sa mère, dans la cuisine. Dina l'écoute un moment et s'en va. Dina n'est pas aussi assidue que Dora, la mère a remarqué l'âpreté de Dora, sa passion pour les livres, elle pense que c'est trop, là c'est trop, Dora s'isole dans la prière et les livres. Elle oublie Dina et sa mère.

Dina et Dora ne se parlent plus.

Elles partagent la même chambre, mais Dina revient seulement pour manger le soir et dormir. Elle met son Walkman, quand Dora lit le Coran à voix haute ou lorsqu'elle décide de lui faire la leçon. La mère ne le sait pas. Dora n'en parlera pas, mais si elle continue à sécher l'école coranique, à dire qu'elle va à la bibliothèque et chaque fois qu'elle passe, elle, Dora, pour emprunter un livre, elle la cherche, personne... Si elle la voit encore au flipper avec les garçons... Comme eux elle crie, frappe sur la machine, se dispute, rit trop fort, elle la reconnaît de loin, quand elle revient à la maison en passant à côté de ce café maudit... Si elle traîne après le lycée, d'un banc à l'autre, en fumant dans la rue, sans vergogne... Si elle emporte dans son sac à dos d'école des bas noirs et une minijupe noire, pour ressembler aux autres filles, des minettes dévergondées... Dora l'a vue une fois qui sortait du gymnase, déguisée, elle n'a rien dit, la prochaine fois elle avertira Tarik ou la mère... Si...

Dina lance le Walkman sur le lit voisin, elle interrompt sa sœur, elle crie :

– Arrête ! Arrête ! Laisse-moi tranquille, laisse-moi vivre. Toi tu veux pas vivre, tu es comme une bonne sœur, une vieille fille... C'est ton œil bleu qui parle, l'œil du diable, l'œil du malheur... Ils avaient raison, les autres, de dire que des enfants comme toi, il fallait donner leur sang au serpent pour être délivré du mal... Ils avaient raison, et moi je te défendais, je me suis battue pour toi, sans te le dire... Et aujourd'hui, il faut que j'écoute tes prêches... Prends le voile, va là où les femmes vivent enfermées dans le hijeb, et dans la maison de la soumission... Va et ne me parle plus. Je ne suis plus ta sœur. Tu n'es plus ma sœur...

– Je ne suis pas ton ennemie. C'est toi qui es devenue une ennemie de Dieu...

– Ne me parle pas de Dieu. Dieu n'est pas ton Dieu...

La porte s'ouvre. La mère regarde ses filles. Elles ont quinze ans. Elles sont belles, toujours studieuses, mais elles crient, quand elles se parlent, ou bien elles ne se parlent pas. Dora reste à la maison mais elle n'est pas là, Dina revient pour manger et dormir, elle ne la voit plus, elle ne peut rien lui dire, les rumeurs de la cité, ce qu'elle entend, elle ne croit pas, mais... elle ne sait rien. Ses filles lui disaient tout, tout, les petits secrets et les grands, elles ont quinze ans, elles ne lui parlent plus. Elle ne demande rien, elles se taisent. Elle les entend se disputer. Elle n'intervient pas. Ses filles ne sont plus ses petites filles, ses filles se sont perdues, elle n'a pas su les guider. Elle les aime, et elles non, c'est ce qu'elle croit, aujourd'hui où elles se parlent, sans la voir, comme des ennemies.

Et Dora qui a décidé ce matin même d'aller au lycée avec un foulard et un pantalon sous la jupe longue. Le père a insisté pour qu'elle enlève le hijeb dans la classe, elle a dit non, la mère a supplié, elle a dit non.

– Tu seras renvoyée. On n'a pas d'argent pour des cours ou l'école privée... Qu'est-ce qu'on va faire ? Où tu vas aller ? Toutes ces années perdues...

La mère a pleuré. Dora, inflexible, a dit non. Sa fille, la plus sage, un modèle de piété, après le lycée elle aidait au Secours populaire musulman, on venait la consulter à la maison, sa fille résiste et désobéit à son père, à sa mère. La mère a pleuré. Dora est allée au lycée avec le hijeb. On a convoqué le père et la mère. Dans le bureau du directeur, Dora était présente. Déterminée, elle a dit non au directeur. Elle a tenu tête. Sur le chemin de la maison, le père a dit : « Ma fille, tu es courageuse, mais tu perds ta vie. » La mère a dit : « Ma fille, tu es forte, mais ton père a raison. Réfléchis. Ici, dans ce pays, tu n'es pas chez nous. » Le père a dit : « La loi de ce pays est ta loi, tu dois le savoir, sinon... » Dora a répondu fermement : « La loi de Dieu est ma loi. »

À la maison, Dina n'était pas là. Dora s'est enfermée dans la chambre avec ses livres. Le père et la mère ont pris un café à la cuisine, tout seuls, sans parler. Ils se sont couchés tard dans la nuit, ils attendaient Dina. Elle n'est pas rentrée. Le père est parti au travail, la mère a préparé le petit déjeuner de Tarik et de Dora. À sept heures et demie, elle frappe à la porte de la chambre de Dora. Elle dort encore? Elle a oublié la prière du matin? Dora n'est pas dans sa chambre. La mère revient à la cuisine. Tarik boit son café.

– Elles sont parties. Toutes les deux. J'avais deux filles, pas des jumelles, pas une fille en deux... Je n'ai plus de filles. Mes filles sont parties, les deux à la fois... Elles veulent me tuer. La sage et la folle... Je sais tout pour Dina, et Dora, elle nous abandonne, elle ira là-bas, au pays, pour servir des assassins, elle ne sait pas ce que je sais, ces hommes-là sont des assassins, elle croit que ces fous de Dieu sont les amis de Dieu et des hommes, elle se trompe, et elle ne le sait pas. Mes filles... Mes petites filles, lumières de mes yeux... Je suis dans la nuit, elles me laissent seule pour des démons... une vierge et une putain... Je savais, je savais, j'ai toujours su et j'ai fait semblant. J'ai prié, j'ai prié pour un peu de bonheur, encore un peu... Et c'est le malheur qui vient, le malheur deux fois, pour toujours...

Tarik se lève, embrasse sa mère sur le front :

– Ne pleure pas, Imma, elles reviendront, comme avant, tes filles seront tes filles, tes filles sont tes filles, tu le sais, ne pleure pas. Tes filles préférées, Dina et Dora, elles reviendront.

Il s'en va.

La mère reste seule, assise dans la cuisine. Elle met la radio, on entend une chanson qu'elle n'écoute pas :

Ma mère, ma mère
Mother, mother
Mamma mia, mamma mia
Imma, Imma...

L'enfer

Mon père ne m'a pas parlé de sa guerre. Et moi, je ne lui ai rien dit. Il ne sait pas, il ne saura pas mes nuits, mes jours, entre les exercices de tir et la prière, les leçons politiques et les mises à l'épreuve.

Dans la maison du village, la dernière avant le cimetière où vont les moutons et les filles à dos d'âne – elles gardent les troupeaux, elles rient, elles crient, elles courent entre les tombes —, dans la maison de la vieille, la mère de ma grand-mère, assise sur sa natte, aveugle aux doigts agiles, on voit à peine les perles de buis de son chapelet, il y a une photographie sur le bord de la planche le long du mur, à la même place, depuis toujours, c'est le vieux, le mari de la vieille accroupie. J'étais petit, ma grand-mère me laissait seul avec cette femme déjà aveugle, en prière éternelle, lorsqu'elle revenait des jardins au fond du ravin, c'était la nuit. La vieille touchait mon visage, mon corps, elle roulait ses mains chaudes sur moi comme sur ses perles sacrées, elle parlait en même temps. J'entendais des mots heurtés où revenaient ceux que je comprenais, les seuls au milieu du flux ininterrompu : Dieu, guerre, France...

Elle pointait l'index de la main droite vers le portrait de l'aïeul, son mari, la photographie encadrée qu'elle ne voyait plus depuis longtemps, elle ne se trompait pas, elle me disait : « Regarde, c'est lui, le grand-père de ton père, un héros de la guerre. Il est parti loin, il s'est battu comme un lion, on lui a donné des médailles... Tu les vois ? Combien ? Compte. Dis-moi, tu sais compter... Tu vas à l'école... » Les médailles étaient petites sur la photographie, je prenais un tabouret pour atteindre le soldat et je comptais. « C'est bien, c'est bien, tu sais compter. Tu es un bon garçon... Tu seras général... Lui, mon mari, il était caporal. Dis-moi, regarde, comment il est habillé ? » Elle voulait entendre chaque détail de l'uniforme des tirailleurs, la couleur, les boutons, les décorations, le couvre-chef, la forme du pantalon et de la veste, les épaulettes, les galons... Je devais répéter, décrire encore les moustaches, les yeux bleus, le sourire... Elle disait : « Il est beau, il est beau… Il était jeune… Après la guerre, il est revenu, il a raconté cent fois, mille fois, les batailles, les mêmes… C'était un lion, ses hommes l'aimaient, ils étaient presque tous du pays. Deux sont revenus, et lui, avec son bras coupé. Les autres, il les a laissés là-haut, il disait là-haut, mais c'était pas le ciel, c'était la boue dans les plaines du pays étranger, très loin, là-haut, je sais pas où. Il avait une vieille carte de l'école, le maître, avant de partir, lui a donné la dernière carte, usée, on lisait à peine les noms, moi je voyais mal et je sais pas lire, il montrait les plaines en haut du pays, la boue on la voyait pas, sur la carte les plaines sont vertes. »

La photographie du caporal tirailleur est toujours sur la planchette qui sert d'étagère. Personne ne la regarde. Quand je vais au village, ma grand-mère, qui ne descend plus aux jardins, me montre une autre photographie. Secrète. Elle la cherche, au fond du coffre en bois de cèdre dont elle cache la clé dans la poche de son saroual, un vieux pantalon bouffant. Elle m'interdit de regarder à l'intérieur du coffre, j'attends, assis contre la margelle du puits, patient. Elle disparaît dans l'ombre de la chambre et du bois de cèdre, je l'entends protester, comme si le secret lui avait été dérobé, elle cherche longtemps, la scène se répète, chaque fois que je reviens de la ville pour l'embrasser, pensant que je ne la reverrai plus. Elle vient vers moi à petits pas, courbée sur le papier précieux enveloppé dans un foulard de fête qu'elle déplie lentement, assise près de moi sur la natte. La page du journal n'est pas froissée, seulement déchirée à certains endroits par l'usure des plis; l'encre a pâli; la photographie géante de l'homme couché, je la vois chaque fois que je reviens à la maison de l'ancêtre, le glorieux soldat aux yeux clairs, celui qui n'est pas mort dans les labours de l'hiver et du front. La page occupe la largeur de la dalle, tout contre la natte sur laquelle nous sommes assis. Ma grand-mère passe sa main et lisse le visage et le corps gisant. C'est cette main que j'embrasse, lorsque j'arrive, à pied, de la place où stationnent les autocars. Fine et brune, elle sent le henné, j'aime cette odeur. Les cheveux de ma mère me recouvraient presque, lorsqu'elle défaisait ses tresses, assise dans la cour, les soirs d'été, je me cachais sous les mèches, et ma mère riait : « L'ogresse te cherche, attention, ne parle pas, ne bouge pas... Si elle te voit... » Les cheveux avaient la couleur du renard que mon père avait chassé pour moi, mais ils ne sentaient pas la bête des bois. J'aime l'odeur du henné; la ville de la clandestinité pue. Cette ville que je connais mieux que la police, je l'ai aimée, je ne l'aime plus, je la parcours en aveugle, pour accomplir des missions, les marchés où se vendent encore les herbes, je les évite, les bains sont interdits aux femmes, l'odeur du henné a disparu depuis longtemps.

Ma grand-mère, accroupie devant la photographie, regardait avec moi à ses côtés, elle se balançait d'avant en arrière, elle ne parlait pas. L'index de sa main droite, léger, traçait les contours du corps terrassé, depuis les cheveux noirs frisés, la barbe et la moustache épaisse jusqu'aux souliers où la terre séchée collait à la semelle. L'homme portait une chemise à col ras et un pantalon paysan. Elle s'arrêtait au visage, comme pour relever une boucle sur le front, elle effleurait la bouche charnue de l'homme encore jeune, son mari. Elle répétait le geste d'enveloppement du corps bien-aimé, fermant ses yeux d'une légère pression sur les paupières épaisses, secouant la terre dure pour l'arracher au talon de ses souliers de brousse, relevant sa main abandonnée sur l'herbe rase, pour la poser sur la poitrine à l'endroit du cœur. Je l'avais déjà vue accomplir, dans le silence du soir, ce rituel amoureux et funèbre. Elle oubliait l'enfant près d'elle, occupée, une fois de plus, à la cérémonie des adieux. À droite de la natte, elle avait posé le linceul qu'elle gardait dans le coffre pour sa propre mort. Il servirait à la dépouille conjugale. Lui qui suit les gestes de l'épouse désolée ne se dit pas que sa grand-mère est folle. L'homme couché est un géant. Son grand corps occupe la page du journal. Contre le montagnard, un fusil de chasse, et, croisées sur la vaste poitrine, les cartouchières, au-dessus du ceinturon large et épais. Si on regarde attentivement, on peut distinguer, sur le côté gauche, la lame d'un couteau, un poignard ? Un morceau de lame brille.

Il attend la fin de l'adieu à l'homme aimé, l'époux valeureux et vaincu. Il sait que le baiser sur le front signe la fin de l'étrange culte rendu à l'image du défunt, vivant et mort. La vieille femme cesse de se balancer. Avant de parler, elle boit son café à petites gorgées sifflantes, lui a déposé sa tasse, la fine tasse à bord doré qui lui est réservée, sur la margelle du puits.

Elle varie à peine l'histoire. Il la connaît, mais il écoute sa grand-mère :

– Ils l'ont abattu près de la grotte où il vivait depuis le jour où il avait tiré sur le contremaître, jour béni, jour de justice. Qu'il aille en enfer ! Au jour du Jugement, Dieu saura que mon mari n'était pas un criminel. Il a eu raison. Ses frères, à chaque instant humiliés. Ils ont travaillé comme des esclaves et l'autre, le Corse, il les traitait de « troncs de figuiers », ils se reposaient à peine, le casse-croûte avalé, il était là, la cravache à la main, pas pour les battre, il passait à cheval avec sa cravache, il les menaçait, et le jour de la paie, ils n'avaient pas leur compte. Le Corse se débrouillait toujours pour leur donner moins, et si l'un d'eux se plaignait au patron, le colon, plus souvent en ville qu'à la ferme, ne le croyait pas. Il avait confiance, son contremaître était le meilleur de la région… Il se trompait. Un jour, il a insulté un cousin de ton grand-père qui travaillait avec lui, aux battages. Comme il était grand et fort, on redoutait ton grand-père, le contremaître ne lui parlait pas. Ce jour-là, à la troisième insulte, il s'est battu avec lui à coups de poing, le Corse a sorti un revolver, ton grand-père s'est calmé, mais le colon l'a renvoyé. Il a trouvé du travail dans une autre ferme, là, ça allait. Le contremaître a continué à maltraiter les ouvriers agricoles, ils se sont regroupés, ils ont protesté auprès du colon qui passait au domaine une fois par mois. Il est resté huit jours, pour surveiller le travail et son contremaître, qui s'est adouci jusqu'au départ du patron. Après, c'était pire. Les ouvriers ont parlé à ton grand-père, ils lui demandaient conseil. S'ils menaçaient le contremaître et sa famille, il irait peut-être chez un autre colon. Ils l'ont menacé, le Corse était armé, eux non, sauf deux paysans qui avaient chacun un fusil de chasse. Un soir, ton grand-père revenait des battages. Sur le chemin de terre, il a croisé le contremaître, sa famille et des amis, des Français nés dans notre village, sur nos terres, confisquées il y a longtemps. Il montrait ton grand-père du doigt, et ce qu'il disait faisait rire les femmes. Elles riaient fort, comme elles font toujours, impudiques, en regardant mon mari…

La vieille s'interrompt toujours au même endroit, son petit-fils est attentif, elle sourit et reprend :

– C'était un bel homme, le plus beau du village et de la région, plus beau que les Français de France et les Français de chez nous, plus beau que les officiers qu'on voyait à cheval sur nos chemins, le plus bel homme, je te dis, crois-moi, je le sais, j'ai su le garder… Je suis sûre que ces femmes-là, des Françaises et des Corses dévergondées qui ne baissent pas les yeux devant un homme…, je suis sûre que ton grand-père leur plaisait et si elles comparaient avec leurs maris, petits et gras, toujours rouges à cause du soleil ou du vin, je ne sais pas… Peut-être même…

À ce moment du récit la vieille femme s'arrête, regarde à nouveau son petit-fils, imperturbable, et poursuit :

– Tu comprends… Ces femmes qui se promènent presque nues, il fait chaud, et qui rient en renversant la tête, elles portent des robes décolletées, je les ai vues, combien de fois… sous le haïk, le voile, on voit mieux d'un seul œil que ces femmes qui mangent les hommes des yeux… Et ton grand-père, tu crois qu'il ne les voyait pas ? Et si elles riaient en se moquant de lui devant leurs maris, tu crois, s'il les rencontrait, seules sur la route de la rivière, tu crois qu'elles riaient de la même manière ? Il plaisait à ces femmes et je suis sûre que l'une d'elles, la plus belle, la plus insolente, la femme sans mari – ce qu'elle faisait dans ce pays sans mari… je ne l'ai jamais su… —, cette femme, je suis sûre qu'elle est allée avec ton grand-père, je te le dis, mais ne le dis à personne, je n'ai pas su la vérité, il est mort avant que je parle de cette mauvaise femme, et que je lui dise que je retournerais chez mon père, pour son honneur. Ton grand-père a croisé le groupe, sans un regard pour le contremaître qui racontait partout, le lendemain, qu'il était le plus lâche des lâches. Le soir-même, un orage venait d'éclater, sous la pluie, ils se sont battus dans le fossé qui borde les champs de blé. Ils ont roulé dans la boue, ensanglantés, dans la fureur de l'orage, ils se sont frappés jusqu'au village. Ils se sont séparés. Le Corse est allé chercher son revolver, ton grand-père un fusil de chasse, et sur le terre-plein inondé, dans l'orage qui durait, ils se sont mesurés, chacun a compté jusqu'à trois et ils ont tiré. Le Corse est mort d'une balle en plein cœur. Ton grand-père a pris sa besace, un casse-croûte et il a disparu...

Le petit-fils interrompt la vieille femme :

– Il a pris le maquis ?... Comme mon père ?...

– Ton père ? Il a pris le maquis ?... C'est lui qui t'a raconté cette histoire ? Et tu crois qu'il est monté au maquis pour se battre contre les soldats de la France, c'est ce que tu crois ?

– Mon père ne m'a rien raconté. C'est ma mère...

– Ta mère ne t'a pas dit la vérité.

– C'est quoi, la vérité ?

– Tu es grand. Tu dois savoir. Ton père est mon fils, mais je ne vais pas te mentir pour sauver son honneur. Son honneur, il l'a perdu, je le sais, je te le dis, tu dois savoir. Le silence de ton père, c'est le silence de la honte. Ta mère, ta pauvre mère, elle a menti parce qu'elle ne pouvait pas dire la vérité à son petit garçon, au fils de son mari, à son premier-né, l'enfant chéri.

– C'est quoi, la vérité ?

– Tu veux savoir, vraiment ? Tu as raison, je te dois la vérité, je t'ai presque élevé, tu es mon préféré, tu le sais. C'est à toi que je parle, tu comprends mes folies, tu as appris les prières avec moi, tu as prié dès l'enfance contre mon tapis, j'ai tissé pour toi un tapis de prière que tu as su respecter, je l'ai gardé, il est à toi si tu veux l'emporter dans la ville maudite, il est trop petit, tu es grand et beau comme ton grand-père, mais il te protégera, prends-le.

– C'est quoi, la vérité ?

– Tu dois savoir, tu sauras. Ton grand-père n'a pas pris le maquis, la guerre n'avait pas encore enlevé les hommes de notre village. Les soldats revenaient au pays et ils racontaient d'autres enfers, en même temps que la victoire des Alliés, une guerre étrangère, que des cousins de la famille avaient gagnée, avec d'autres étrangers... On entendait parler de massacres au pays même, la paix n'était pas la paix pour les nôtres, des soldats de l'armée française, ceux qui disaient qu'ils avaient libéré la France, ceux-là ont tiré sur les frères à Sétif et dans la région. Au village, on a appris par les colporteurs ce que les Français cherchaient à cacher. Certains ne l'ont pas cru, d'autres sont allés jusqu'à Sétif, ils avaient de la famille là-bas, ils ont dit que les histoires des colporteurs n'étaient pas des histoires. On a tué des hommes désarmés, des femmes, des enfants. On a emprisonné des écoliers... Les hommes sont montés au maquis dix ans plus tard. Ton grand-père venait d'être abattu par des gendarmes français. C'était un bandit d'honneur. Avec sa bande, il volait dans les fermes pour donner aux misérables qui mouraient de faim. C'est ce qu'on racontait au village, je le crois. Après son départ, je ne l'ai pas revu. Il ne descendait plus chez nous. J'avais des nouvelles par les colporteurs. J'ai cru ce qu'ils disaient de mon mari, ses exploits, ses gestes bienfaiteurs, sa générosité. Les hommes de sa bande l'aimaient, ils lui obéissaient, ils voulaient faire le bien, prendre aux riches pour donner aux pauvres. Ils ont bien travaillé. J'ai prié pour lui et j'ai élevé seule ton père, son fils, mon fils, mon malheureux fils. C'est le maître d'école qui est venu me voir pour m'annoncer la nouvelle. L'assemblée du village l'avait chargé de ce devoir. J'ai compris, en le voyant. Il n'a pas parlé. Il m'a remis, dans une enveloppe, la page du journal que tu connais. Je ne l'ai pas ouverte devant lui. Nous avons bu ensemble le café, assis là où nous sommes, au bord du puits dans la cour, nous n'avons rien dit. Il s'est levé, il m'a saluée et il est parti.

Le bandit, mon mari, avait combattu dans le chemin du bien.

Ton grand-père n'était pas un assassin. Seulement un bandit d'honneur.

– Et mon père ?

– Ton père... Comment te dire ? C'est difficile. Lui aussi a disparu un matin. Mais il n'est pas monté au maquis. Il était jeune bien sûr... Peut-être que je n'ai pas su l'élever, lui parler. Il était violent, il se battait tout le temps, le maître l'a renvoyé de l'école, je suis allée voir un marabout, puis un autre et un autre encore, je ne sais plus combien, j'ai dépensé beaucoup d'argent, presque tout l'héritage de mon père, j'ai vendu des terres, des bijoux... J'allais à pied au sanctuaire. Il est loin, je partais le matin, très tôt avec d'autres femmes, nous revenions le surlendemain, après les prières et les offrandes. J'ai fait ce que je pouvais. Pour rien. Je n'ai pas eu de nouvelles de mon fils pendant des semaines, et un jour, un jeune homme étranger au village est venu me voir chez moi. J'étais seule. Il portait l'habit des maquisards, qui n'ont pas l'uniforme d'une armée régulière. Je n'ai pas compris tout de suite. J'ai d'abord pensé qu'il venait m'annoncer la mort de ton père au maquis, il n'était pas venu pour me donner des nouvelles d'un combattant en vie, il était seul, en mission. Ce qu'il m'a dit est pire que la mort.

La vieille s'interrompt, regarde le fils de son

fils. Il prend entre les siennes la petite main brune qui sent le henné.

– Continue. Je veux savoir.

– Chez nous, les hommes aiment les armes, pas seulement les fusils de chasse. Quand ton grand-père a été abattu, on a retrouvé une cache d'armes dans la grotte… Et toi ? J'espère que les armes te font horreur et que tu n'y toucheras jamais, jamais… Ne me réponds pas. Tu es un homme, tu vis dans la ville qui a pris ton père, et qui a fait de lui le pauvre homme qu'il est devenu, l'ivrogne que je ne vois plus depuis longtemps, il a peur de revenir au village, il a peur de moi, il a raison. Tu vis dans cette ville qui fait des monstres, peut-être que tu es un monstre et je l'ignore, mais toi, je t'ai élevé dans le droit chemin, ce que tu fais te regarde. Tu n'es pas du côté du mal, je le sais. Tu ne seras jamais habité par Chitane, par Satan… Je veux mourir avec cette vérité, ma vérité…

– Et la vérité sur mon père ?

– En vérité, mon fils, en vérité, ton père… Le jeune combattant s'est assis, avant de parler. Je lui ai préparé un café, il a refusé de manger, il ne venait pas pour réclamer de la nourriture, comme ils le faisaient souvent la nuit, dans les maisons amies. Il ne me regardait pas. Ses yeux étaient fixés sur ses Pataugas, pendant qu'il parlait. Il m'a dit que mon fils travaillait avec l'armée française, les soldats ennemis. Il était armé, il avait de l'argent, il participait aux embuscades contre les frères. Ils cherchaient à l'abattre et s'ils le prenaient vivant... Il n'a pas dit la suite. Il était venu m'avertir. Ma maison serait surveillée, un fils revient toujours dans la maison de sa mère... Il s'est levé, il m'a embrassé le front et il est parti. Je n'ai pas revu ton père jusqu'à la fin de la guerre. Je ne sais pas comment il a échappé au massacre des harkis, ces frères qui ont trahi les frères, il a dû se cacher ou se déguiser. Quelques années après l'Indépendance, il est arrivé au village avec sa femme et un bébé, son fils, c'était toi. Je n'ai rien dit. Il n'a pas parlé de la guerre, sa femme non plus. Il a cru que j'ignorais tout. Mais un fils est un fils, je ne l'ai pas chassé, et tu étais là, toi, mon fils... Voilà, tu sais tout, je t'ai dit la vérité... Tu sais pourquoi ton père ne t'a pas parlé de sa guerre, et pourquoi il ne revient plus au village, dans la maison de sa mère. Je ne lui ai pas interdit le retour au pays, c'est lui, les amis d'enfance encore vivants, ceux qui n'ont pas traversé la mer pour l'autre pays, les autres femmes, ces hommes qu'il a trahis, il a peur du silence, du regard détourné, des pas qui ne s'arrêtent plus pour le salut de bienvenue... Mais toi, tu es là, mon fils, le meilleur des fils, fidèle et généreux. Tu es là, je peux mourir… Mais avant…

Elle le regarde en souriant.

– Avant de mourir, viens avec moi dans la chambre fraîche, la chambre de prière. Tu connais la Fatiha. Le tapis est petit et toi tu es si grand… Je te le donne, emporte-le dans la ville, toi elle ne te mangera pas comme elle a rongé ton père.

Ensemble, ils récitent la fin de la Fatiha, la première sourate, celle qui ouvre le Coran :

C'est toi que nous adorons,
C'est toi
dont nous implorons le secours.

Au fond du sac Tati, il a roulé le tapis de prière. Il emporte le pain de la maison, des figues-fleurs, du fromage de chèvre. Le livre sacré et le laissez-passer, il les range dans la poche de poitrine de son blouson en toile. La vieille ne sait pas qu'à l'intérieur des tapis de prière, il cache une arme, un 11,43 gros calibre. L'embrassant, pour la dernière fois peut-être, sa grand-mère l'a béni.

– Tu as pris le chemin de Dieu… Sauve l'âme de ton père… Ta place est au paradis, à la droite de Dieu… Va, mon fils, va.

Il pense à sa mission. La première. Dans l'autocar, il somnole. Il se réveille aux barrages. Ses papiers sont en règle, il ne risque rien. On ne fouillera pas son sac Tati, jusqu'à la ville. On lui a parlé d'un rite de passage, d'une épreuve difficile, dangereuse. Il peut mourir. S'il meurt, il ira au paradis, s'il survit, il sera admis dans le commando d'élite. Dans le quartier, ils jouaient au foot dans les rues avec des ballons en papier journal et en chiffon, des copains d'enfance lui ont raconté l'entraînement d'enfer qu'ils ont subi. Ils ont dit : « C'était l'enfer, maintenant, l'enfer, on connaît. Pas de répit, la souffrance, la douleur, l'épuisement, la souffrance, l'épuisement, la douleur, des mois et des mois, celui qui faiblit, dehors. On peut nous demander n'importe quoi. »

Aujourd'hui, deux font partie de la meilleure équipe de foot du pays, le plus jeune est champion de course à pied, trois sont dans la police, deux à la sécurité militaire, cinq ont été admis dans le fameux commando auquel il appartiendra si la mission réussit… Les autres sont chômeurs, ils continuent à tenir les murs, le marché noir va mal… Tout va mal.

Au pied de son immeuble, dans une rue calme, il doit abattre un haut fonctionnaire et son fils. Seul. Sans protection. Deux hommes d'un coup. L'un a l'âge de son père, l'autre, comme lui, vingt ans. La leçon a duré plusieurs heures. Il n'a pas dit non. On lui a expliqué que l'argent détourné par les rapaces – ils sont nombreux, repus et cyniques —, cet argent, ils le distribueront aux pauvres, aux vieillards miséreux, aux femmes seules et démunies... La charité que Dieu commande, ils la feront avec l'argent des voleurs volés... Ces crapules n'ont pas le droit de vivre, ils sont impies, mécréants, ils adorent des idoles, Dieu n'aime pas les idolâtres... La soupe du ramadan, toute l'année les pauvres la mangeront, servie par des sœurs musulmanes, jeunes et vieilles dévouées, obéissantes, soumises à Dieu et à ceux qui commandent sur terre au nom de Dieu... Il a entendu les messages, il a accepté la mission, son honneur, l'honneur de son père et de la famille. Il ira au paradis, il en est sûr. Sa grand-mère le sait déjà, elle le lui a prédit. Sur le mur d'un cimetière, il a lu LES PORTES DU PARADIS SE TROUVENT À L'OMBRE DES SABRES... Son sabre est une arme moderne, un beau 11,43 gros calibre. Il n'est pas sur le chemin des égarés. La colère de Dieu ne le menace pas. Il sera comblé de bienfaits. Il connaît le verset consacré aux martyrs :

... Ne crois surtout pas
que ceux qui sont tués

dans le chemin de Dieu sont morts.
Ils sont vivants !...

Avec le père d'un ami, il a assisté à la cérémonie au sanctuaire du Martyr. La gerbe de fleurs devant la flamme éternelle, la sonnerie aux morts, la lecture de la Fatiha – il la récitait en même temps —, la visite dans l'ombre du sanctuaire, la pierre tachée du sang des martyrs, et la lecture de ce verset qui sera son épitaphe. Il n'a rien oublié de la commémoration.

Il combat dans le chemin de Dieu.

Il est le meilleur tireur. Dès le premier essai, en plein cœur. Mais une cible ne bouge pas comme un homme. L'entraîneur l'a mis en garde. Pendant les leçons de tir, il répétait sans plaisanter : « Une cible humaine... ce serait l'idéal. De la chair, des os, du sang... Ça palpite et ça bouge... Pas une cible virtuelle... Des condamnés à mort, pourquoi pas ? On les fait marcher, et on tire. »

Deux corps. Le père. Le fils. Foudroyés.

On ne l'a pas félicité.

Il a tué, morts sur le coup, un père et son fils. Mais il s'est trompé. Le haut fonctionnaire et son fils sont toujours vivants. Ils sont sortis juste après les premiers. Il a agi avec précipitation. Il est deux fois criminel. Il ne mérite pas le paradis. Il sera jugé par les Frères, désarmé, déshonoré et chassé de la compagnie. Il n'appartiendra pas au commando d'élite. Jamais. Les autres groupes armés sont avertis.

Ils n'hésiteront pas à l'abattre. Il n'a pas peur.

Elle a ouvert. Elle ne s'est pas méfiée. Il est entré. Dans le salon où les signes du deuil sont visibles, la femme est debout, elle regarde le jeune homme. Il doit avoir vingt ans. Que veut-il ? Seule dans la pièce, face au tueur qui tremble, elle dit :

– Je ne vous connais pas, vous venez peut-être pour me tuer, je ne sais pas, tout est possible aujourd'hui... Mon mari et mon fils ont été abattus, des innocents. Le tueur s'est sauvé, un bon tireur, a dit la police, ils n'ont pas souffert, morts sur le coup. Je peux mourir, je n'ai pas peur. Vivre, pourquoi ? Je suis seule, je n'ai plus envie de vivre. Vous êtes si jeune... l'âge de mon fils unique. Vous êtes un ami, peut-être ? Vous tremblez. Pourquoi vous tremblez comme ça. C'est moi qui vous fais peur ? Je vous ai ouvert, sans savoir... Un jeune homme inconnu... Il me parlerait de mon fils. J'ai ouvert, vous êtes là, vous ne dites rien, je ne sais pas qui vous êtes et je bavarde, comme une femme folle, une vieille folle... Je suis vieille depuis sept jours, et je veux mourir...

Le jeune homme a écouté la femme. Il cache son visage dans ses mains, il ne pleure pas, il ne tremble plus, il tombe à genoux.

– Mère, mère, pardonne-moi, je t'en prie, pardonne-moi. Je suis l'assassin de ton mari, je suis l'assassin de ton fils... J'ai perdu mon honneur et ma famille sera maudite si tu ne me pardonnes pas. J'irai en enfer... Dieu m'a abandonné sur son propre chemin, il ne m'a pas accompagné jusqu'à lui... Mère, ma mère, accorde-moi ton pardon... Je voulais être un martyr, je suis un criminel. Je voulais être un émir au service de Dieu, je suis livré à Satan. Mère, délivre-moi... Je ne sortirai pas de ta maison sans ton pardon... Je me tuerai sous tes yeux... Regarde, j'ai le rasoir de mon père...

La femme dit :

– Tu n'as pas le droit de te tuer, tu le sais, Dieu est le maître de ta vie, c'est lui qui décide... Tu as obéi à Chitane, Dieu t'a châtié... Lui seul peut te pardonner. Je ne suis qu'une pauvre femme, veuve, une mère séparée, à jamais, de son fils... Je te l'ai dit, je souhaite la mort, je l'attends, Dieu est miséricordieux, il me l'enverra, je le sais, je suis prête. Va, mon fils, va… Je ne te maudis pas, mais je ne peux pas te pardonner… Dieu seul…

Le jeune homme se relève, prend les mains de la femme, elles sentent le henné, il les embrasse, elle le laisse faire.

– Mère, mère, ta maison est bénie de Dieu. Adieu, mère, adieu… Tu entendras parler de moi…

Depuis la ville qui tue, il a marché vers le village. Il ne quittera plus la maison des ancêtres. Il sera présent au dernier jour, jusqu'au souffle ultime de sa grand-mère, l'ami fidèle de ses nuits sans sommeil. Il lira pour elle le Livre, il ne l'a pas oublié. Dans la besace militaire, il a roulé le Livre à l'intérieur du tapis de prière trop petit pour lui. Assis contre la margelle du puits ou sur le tabouret, près de la verveine florissante, à l'ombre de la vieille tonnelle – le pied de vigne n'est pas encore sec, mais il ne donne plus le raisin muscat d'autrefois —, il lira lentement, à pleine et belle voix, pour cette femme qui l'aime. Lui revient à la mémoire le verset en l'honneur des martyrs, il le récite, malgré lui, marchant sur le chemin de pierres qui conduit au village. Il n'est pas loin. C'est la dernière maison avant le bosquet d'acacias. Les abeilles aiment la fleur de l'acacia. Aux paysans dans les champs d'oliviers il demande des nouvelles. La grand-mère est vivante.

Il est cinq heures du soir.

Le jeune homme traverse le village. Personne ne le salue, il n'y a personne dans les rues. C'est l'heure où les femmes et les filles arrosent les cours, à grandes gerbes d'eau, avant de disposer les tables basses pour le thé, à la fin de la sieste humide. Il les entend qui rient. Il ralentit, en longeant les murs aveugles, il sait qui les habite, il reconnaît la voix des filles, elles allaient à l'école d'à côté, aujourd'hui elles sortent, enveloppées étroitement. Les hommes de la famille veillent et surveillent. S'il les suivait, il ne les confondrait pas. Il sait comment elles marchent, comment elles se parlent et rient entre elles. Le voile n'est pas un linceul, c'est ce qu'il pense.

Il arrive au seuil de la maison.

Deux coups de feu. 11,43 gros calibre. Il s'écroule. Sa tête heurte le bois de cèdre de la porte cloutée.

Avec un pan de son voile, la vieille femme essuie le sang qui coule encore, de la bouche sur la terre rouge. Elle est seule, agenouillée contre le corps, plus grand d'être couché, en travers de la porte. Elle soulève la tête inerte et la couche doucement dans les plis du drap blanc, maculé. Les mains de la vieille, ensanglantées, ont taché le voile… On voit comme des traces de henné. Avec la lenteur de la vieillesse tendre, elle enveloppe le corps géant du fils bien-aimé, le dernier fils, mais le voile ne couvre pas le corps entier. On voit les Pataugas.

La vieille, à genoux, se met à crier : « Mon fils est un martyr… Mort dans le chemin de Dieu, en combattant de Dieu… Mon fils est un martyr, sa place est au paradis, à la droite de Dieu. Vous le savez tous… Venez, venez tous, voir la main de Dieu sur mon fils, regardez… » Elle montre les dessins des mains sanglantes sur le voile blanc, le rouge n'est plus rouge. « Dieu l'a préféré à tous les autres combattants…

Regardez… Mon fils est vivant ! Écoutez les paroles du Tout-Puissant : *« Ne crois surtout pas / que ceux qui sont tués / dans le chemin de Dieu sont morts. / Ils sont vivants ! »* Elle répète les paroles du verset coranique, tandis que les hommes et les femmes accourus, murmurent entre eux : « La vieille est folle… Elle blasphème et elle ne le sait pas… Il faut la faire taire… Nos familles seront prises en otage… Elle divague, mais ils diront qu'elle n'est pas folle, que nous sommes complices… »

La vieille est seule à veiller le corps.

Elle a interdit sa maison, jusqu'à l'aube. Ensuite, ils feront ce qu'ils voudront, ce que la loi impie ordonne. Qu'ils la laissent, une nuit, la dernière avec celui qui est revenu vers elle, pour le voyage nocturne. Elle et lui, jusqu'au paradis de Dieu.

La maison des acacias, à l'autre bout du village, des policiers la cernent.

Il est cinq heures.

Jusqu'au fond du puits à sec, ils ont cherché, ils n'ont rien trouvé.

Le coffre en bois de cèdre a disparu.

La vieille a disparu et le corps du jeune homme a quitté le linceul maculé qui claque au vent, sur le fil, entre les acacias.

Table

Du même auteur

Shérazade, 17 ans, brune, frisée, les yeux verts
Stock, 1982

Les Carnets de Shérazade
Stock, 1986

Le Fou de Shérazade
Stock, 1991

Le Silence des rives
Stock, 1993

Une enfance algérienne
Textes réunis par Leïla Sebbar
Gallimard, 1997
et Folio, « Haute Enfance », 1999

La Seine était rouge, Paris, octobre 1961
Thierry Magnier, 1999

Soldats
Seuil, 1999

Lettres parisiennes
En collaboration avec Nancy Huston
J'ai Lu, 1999

Une enfance outremer
Textes réunis par Leïla Sebbar
Seuil, « Points Virgule », 2001

GROUPE CPI

Achevé d'imprimer en août 2001 par
BUSSIÈRE CAMEDAN IMPRIMERIES
à Saint-Amand-Montrond (Cher)
N° d'édition : 51112. - N° d'impression : 013652/1.
Dépôt légal : septembre 2001.
Imprimé en France

POINTS VIRGULE

Des livres pour déshabiller le prêt-à-penser,
reconnecter nos neurones,
sourire sans se forcer, décoder le monde,
rescotcher les générations éclatées…

V 1 *Drogues, savoir plus risquer moins,* co-éd. MILDT/CFES
V 2 *Les Skalts, peuple extraordinaire,*
Maya Nahum & Jean Reznikow
V 3 *Liberté, Égalité, Imaginez ! (La culture est un combat),*
Maryse Souchard
V 4 *Quand j'avais cinq ans, je m'ai tué*, Howard Buten
V 5 *Une ardente patience*, Antonio Skármeta
V 6 *Le Gone du Chaâba*, Azouz Begag
V 7 *Boumkoeur,* Rachid Djaïdani
V 8 *Avec tout ce qu'on a fait pour toi*, Marie Brantôme
V 9 *Dieu, Shakespeare et moi*, Woody Allen
V 10 *Moi et les autres*, Albert Jacquard
V 11 *Je hais le dimanche,*
Katia Landréas & Garance de Mirbeck
V 12 *Sans nouvelles de Gurb*, Eduardo Mendoza
V 13 *Guide ménager et galant de l'homme d'intérieur,*
Richard Belfer
V 14 *Une enfance outremer*, textes réunis par Leïla Sebbar
V 15 *La Concordance des dents,* Jean-Paul Carminati
V 16 *Le Bêtisier des philosophes,*
Jean-Jacques Barrère et Christian Roche
V 17 *Manuel à l'usage des enfants qui ont des parents difficiles,* Jeanne Van den Brouck
V 18 *Le Petit Livre des gros câlins,* Barbara Keating
V 19 *Comment éviter l'amour et le mariage ?*
Dan Greeburg & Suzanne O'Malley
V 20 *Ça y est, j'ai craqué,* Pascal Dessaint
V 21 *Méfiez-vous des asperges !*, Jean-Jacques Reboux
V 22 *Le Trou-Mahaut,* Orlando de Rudder
V 23 *Le Cœur sous le rouleau compresseur*, Howard Buten
V 24 *Comment choisir son psy*, Oreste Saint-Drôme

V 25 *Le Démon de midi,* Michèle Bernier
V 26 *Au Bazar du vivant,*
Jacques Testart et Christian Godin
V 27 *Petit Manuel de savoir-vivre à l'usage des enseignants,*
Frédéric Teillard et Boris Seguin
V 28 *La Jeune Fille au balcon,* Leïla Sebbar
V 29 *Béni ou le paradis privé,* Azouz Begag
V 30 *L'Arbre d'Halloween,* Ray Bradbury
V 31 *Poèmes et Chansons,* Georges Brassens

à paraître en novembre 2001

V 32 *Mamie au mulot ! L'Internet (mal) expliqué à ma grand-mère,* Francis Mizio
V 33 *Guide philosophique de l'argent,* Jean-Luc Coudray
V 34 *Sky my husband ! Ciel mon mari !,* Jean-Loup Chiflet
V 35 *Sky my wife ! Ciel ma femme !,* Jean-Loup Chiflet